Wie als Priester heute leben?

Klaus Hemmerle
Wilhelm Breuning

Franz-Josef Bode
Erwin Dirscherl

Wie als Priester heute leben?

2 x 10 Provokationen

Mit einem Nachwort von Ulrich Beckwermert

 kbw bibelwerk

4. Auflage 2020

© Verlag Katholisches Bibelwerk GmbH, Stuttgart 2015
Alle Rechte vorbehalten

Für die in diesem Buch enthaltenen Texte von
Klaus Hemmerle und Wilhelm Breuning:
© Prof. Dr. Wilhelm Breuning und Bistum Aachen
Erstveröffentlichung: Klaus Hemmerle/Wilhelm Breuning:
Wie als Priester heute leben? Versuch einer geistlichen Orientierung,
herausgegeben vom Informationszentrum Berufe der Kirche
(= pwb Sonderdrucke 18), Freiburg 1982.
Nachdruck hier mit freundlicher Genehmigung des Bistums Aachen.

Umschlaggestaltung: wunderlich und weigand / Stefan Weigand
Umschlagmotiv: © Panka Chirer-Geyer, Rot 1 (Ausschnitt);
© Foto: Stefan Weigand
Satz: Barbara Herrmann, Freiburg
Druck und Bindung: finidr s.r.o., Český Těšín
Printed in the Czech Republic

www.bibelwerk.de

ISBN 978-3-460-32140-3

Für Wilhelm Breuning zum 95. Geburtstag
und für alle Priester zur Ermutigung und zum Dank

Inhaltsverzeichnis

Vorwort

Vor über 30 Jahren haben ein Bischof und ein Dogmatik-professor, der selbst Priester ist, pro-vozierende Prioritä-ten in zehn Thesen herausgegeben, die hohe Beachtung fanden: »Wie als Priester heute leben?« Der Bischof war kein Geringerer als Klaus Hemmerle von Aachen, der uns als geistliche Persönlichkeit so früh genommen wurde, der Professor war unser Doktorvater Wilhelm Breuning in Bonn, der bis heute in ›seiner‹ Gemeinde »St. Maria Magdalena und Christi Auferstehung« in En-denich tätig ist. In diesem Jahr wird er 95 Jahre alt.

Dieser Geburtstag ist für uns – wieder ein Bischof und ein Dogmatikprofessor – der Anlass, die zehn Prio-ritäten noch einmal zu lesen und zu kommentieren aus heutiger Sicht mit heutigen Erfahrungen. Den Anstoß dazu gab dankenswerterweise der jetzige Pfarrer in Bonn-Endenich, Dechant Alfons W. Adelkamp.

Wir haben die Anregung gern aufgenommen, denn die Thesen von damals sind von erstaunlicher Aktuali-tät. Zugleich reizen sie dazu, aus der derzeitigen Situati-on des Zusammenspiels aller kirchlichen Dienste einen neuen Blick darauf zu werfen. Zu einem »Nach-Den-ken« über diese früheren und neuen Prioritäten haben wir den Dompfarrer und Regens von Osnabrück, Ulrich

Beckwermert, eingeladen. Er fügt aus der Praxis einer modernen, großen Stadtgemeinde und der Priesterausbildung eine persönliche Note hinzu.

Wir sind fasziniert von der provozierenden Kraft des Komparativs, der in den Priorisierungen steckt, nach denen wir heute alle suchen, um den Herausforderungen der Pastoral gewachsen zu sein. Komparative schließen nicht aus, sondern ein. Sie geben Einsichten und Erfahrungen den Vorzug, lassen aber die anderen Aspekte nicht fallen. Sie bringen in eine Ordnung, in eine Reihenfolge, die zu vernünftigen Priorisierungen und andererseits zu Relativierungen führt, nicht aber zu Polarisierungen. Sie werten das Relativierte auch nicht ab, sondern ordnen es einem größeren Zusammenhang, einem größeren Ziel zu.

»Gott ist größer als unser Herz« (1 Joh 3,20*). Dieses biblische Wort ist eine solide Grundlage für ein Denken im Komparativ. Komparative sind dynamisch und setzen nicht statische, definitorische Grenzen. Sie eröffnen Horizonte und schreiten voran, ohne das hinter sich Gelassene abzutun. Sie werden nicht müde, auf der Suche und in einem Blick-darüber-hinaus zu bleiben. Sie erhellen die Sehnsucht nach dem ›Mehr‹, das in all unserem Sein und Tun steckt. Sie verhindern es, nur auf *Handlungen* zu schauen, sondern treiben dazu, *Haltungen* einzuüben. Haltungen der ständigen Betrachtung

---

* Der Wahlspruch von Bischof Franz-Josef Bode.

unseres Lebens unter dem Blick des immer größeren Gottes, vor dem wir Zuversicht haben und uns beruhigen dürfen, wenn unser Herz uns anklagt (vgl. 1 Joh 3,20a).

Unseren Provokationen merkt man sicherlich an, wer von uns beiden sie jeweils zuerst formuliert hat. Und doch sind es unsere gemeinsamen Texte.

Mit diesem Buch möchten wir dem verstorbenen Bischof Klaus Hemmerle und dem zu hohem Alter gereiften Professor Wilhelm Breuning unseren Dank und unsere Anerkennung ausdrücken. Wir wollen möglichst vielen Priestern und in der Kirche Engagierten die Aktualität der damaligen Priorisierungen erschließen und zu neuen pro-vozieren, besonders im priesterlichen Leben, aber dann auch im pastoralen Dienst.

Mögen die Überlegungen und das »Nach-Denken« dem Miteinander der Dienste und Charismen in der Kirche dienen und Kirche der Zukunft mit aufbauen helfen.

Regensburg und Osnabrück, im Mai 2015

Erwin Dirscherl   + Franz-Josef Bode

Klaus Hemmerle / Wilhelm Breuning

Unter den Sorgen der Bischöfe muss die Sorge um ihre
Priester ganz obenan stehen. Der Bischof ist zuerst Bischof *für* die Priester, und er ist es nur, wenn er Priester
mit seinen Priestern ist. Das hat die Deutsche Bischofskonferenz dazu bewogen, während ihrer Herbstvollver-
sammlung in Fulda vom 21.–24. September 1981 einen
Studientag der Frage zu widmen, wie die Situation der
Priester heute geistlich zu bestehen ist, wo Ziele und
Maßstäbe, aber auch Wege und Möglichkeiten liegen,
das Priestersein glaubwürdig zu leben unter Bedingun-
gen, die den priesterlichen Dienst vielfältig belasten.

Die folgenden Überlegungen greifen einen Gedankenkreis aus diesem Studientag der Deutschen Bischofskonferenz wieder auf. Es ist zu betonen: nur einen Gedankenkreis. Zunächst hatten die Bischöfe
versucht, gemeinsam in aller Nüchternheit die Situation des Priesters und seines Dienstes zu sehen, wie sie
ist. Dem wurde sodann, sozusagen als Kontrast, der
Versuch einer geistlichen und theologischen Orientierung gegenübergestellt: Wie kann priesterliche
Identität heute gewahrt und neu gewonnen werden?
Aufgrund von Vorarbeiten der Kommission der Deutschen Bischofskonferenz »Geistliche Berufe und kirch-

liche Dienste« haben die beiden Unterzeichnenden Überlegungen hierzu vorgetragen, die in den nachfolgenden Texten über den Kreis der Bischofskonferenz hinaus zugänglich gemacht werden sollen.

Es war den Autoren wie auch der Bischofskonferenz deutlich, was solche Orientierungspunkte für Leben und Dienst des Priesters leisten und nicht leisten können. Wenn sie als Orientierungspunkte anerkannt und mitgetragen werden, dann können sie zu jener beständig notwendigen Umkehr beitragen, ohne die priesterliches Wirken und priesterliche Existenz sich festfahren. Es wäre also nützlich, wenn jeder Priester sich die Frage stellte: Kann ich mich selber so sehen und verstehen? Wo und warum geht es bei mir nicht, einer derartigen »Zielangabe« zu entsprechen? Wo empfinde ich innerlich Spannung und Widerspruch zu ihr? Ein Anstoß zu solchem Nachdenken wollen die nachfolgenden Texte sein. Sie wollen aber *nicht* sein:

– eine von oben verordnete Spiritualität des Priesters; priesterliche Spiritualität kann nicht ohne communio wachsen, Verordnung und Reglementierung gewährleisten diese aber nicht –

– ein systematisches Gebäude priesterlicher Spiritualität; die Vielfalt der Gestalten geistlichen Lebens, die verschiedenartigen Akzentsetzungen sind ein Reichtum, der nicht eingeebnet werden darf –

– ein Alibi für strukturelle Konsequenzen, die fällig sind, damit das »Idealbild« nicht bloß ein fernes Ziel bleiben muss; die Bischofskonferenz hat in einem weiteren Abschnitt ihres Studientages die Frage nach praktischen Schlussfolgerungen aufgegriffen –

– etwas, das die Bischöfe den anderen sagen, statt es zuerst sich selber zu sagen; dies wurde ganz deutlich: Wenn wahr ist, was hier als Maßstab aufleuchtet, dann muss dies auch den Bischöfen selbst in ihrem Leben und Dienst wehtun, sie zur Umkehr bewegen.

Bonn und Aachen, im April 1982

Wilhelm Breuning   + Klaus Hemmerle

1.

Wichtiger ist,
wie
ich als Priester lebe,
als was
ich als Priester tue.

Von Papst Johannes XXIII. wird die treffende Geschichte erzählt, bei einem Problem, das ihn furchtbar quälte, habe er im Traum die Weisung empfangen: »Johannes, nimm dich doch nicht so wichtig.« Ob von ihm erfahren oder über ihn erfunden: das Beispiel zeigt u. a. auch eine Allergie gegen Monumentalbilder von der eigenen Person und Aufgabe, die uns einleuchtet und bei Mitbrüdern auf lebhaften Widerhall stößt. Auch gegen Worte über das Priestertum, die uns vom Menschlichen her ein paar Nummern zu groß scheinen, reagieren wir empfindlich ...

Die Wertung »Wichtiger ist, wie ich als Priester lebe, als was ich als Priester tue« kann als schlichte Selbstverständlichkeit empfunden werden – gerade gegen ein gespreiztes Sich-selbst-wichtig-Nehmen. Aber einer, der an seiner eigenen Person leidet, kann davor auch erschrecken: »Wie ich lebe« ist eine Totalvereinnahmung!?

Hier wird für den Priester die Unterscheidung der Geister zur Grundbedingung: »Wie ich lebe« ist nicht das Programm von Selbstverwirklichung, sondern: »Mit Christus bin ich gekreuzigt. Ich lebe, doch nicht mehr als Ich, sondern Christus lebt in mir ...« (Gal 2,19f.).

»Wie ich lebe« kann mir so zu einem sehr unkomplizierten, schlichten, demütigen Verhältnis zu mir selbst verhelfen. Aber ich darf mich nicht an der Stelle drücken, wo ich von dem ergriffen bin – »gepackt« übersetzt Heinz Schürmann* –, für den kein Wort groß genug ist. Schürmann sieht das von Christus Gepackt-Sein Paulus zugeordnet, der sich als Sklave (nicht nur Diener!) Christi weiß. Vielleicht gehört diese Selbsteinschätzung als Sklave Christi auch notwendig zur ehrlichen und lebbaren Freundschaft mit Christus.

In diesem Sinne also: Wichtiger ist, wie ich als Priester lebe, als was ich als Priester tue.

Aber stimmt das? Ist Priestertum nicht Dienst für andere? Wird er in diesem Satz nicht umgekehrt zu einem Mittel für die persönliche Heiligung? Und soll meine Heiligkeit, soll mein persönliches Lebenszeugnis mehr bewirken als das, was mir in Botschaft und Sakrament anvertraut ist? Kommt es nicht in allererster Linie darauf an, meine Pflicht zu tun – und im Übrigen sind wir alle doch Sünder? Wir sind es. Und Christus in mir und durch mich hindurch und über mich hinweg – wir werden gleich davon hören –, das ist mehr als nur *mein* Zeugnis und *mein* Leben. Aber was Christus sagt und wirkt, was ich von ihm weiterzugeben habe, das ist eben Leben, sein Leben. Und dieses Mehr seines Lebens wird

---

* Schürmann, Heinz: Die Mitte des Lebens finden. Orientierung für geistliche Berufe, Freiburg i. Br. 1979, 31.

nur glaubhaft, wenn es Leben ergreift, Leben stiftet, Leben ansteckt. Und da muss ich der Erste sein. Das hebt die Spannung zwischen meiner Armseligkeit und meinem Auftrag keineswegs auf, ganz im Gegenteil. Aber wenn ich diese Spannung aushalte und immer wieder an ihn verschenke, dann kann gerade auch meine Armseligkeit zum Zeugnis werden, von innen her verwandelt werden. So können wir es ja auch an Paulus ablesen. Christ sein – und auch das Sein des Priesters – ist Dasein für andere. Aber Christus ist da für andere, weil er ganz vom Vater her lebt, da ist vom Vater her. Und so führt auch uns kein Weg daran vorbei: Dasein von Jesus her. Willst du Strahl der Sonne werden, der von ihr ausgeht in die Welt, dann geh in die Sonne hinein. »Und er setzte zwölf ein, die er bei sich haben und die er dann aussenden wollte, damit sie predigten ...« (Mk 3,14). Das ist immer neu der Lebensrhythmus: bei ihm sein, um von ihm gesandt zu werden.

Das heißt aber praktisch: Der Priester braucht Zeit zum Sein, Zeit zum Gebet, zur Umkehr, zur Buße und Beichte. Er braucht Zeit, um über Gott und sich und die Menschen nachzudenken. Sonst wird er »Pastoralingenieur«. Und je mehr wir zu tun haben, desto mehr brauchen wir Zeit für Ihn. Zeit für Ihn ist Zeit für die anderen. Wer viel Wasser spenden soll, der muss länger an der Quelle verweilen. Das spannt und drängt oft, aber es ist der einzige Weg, um wahrhaft da zu sein für die anderen und Ihn selber den anderen weiterzugeben.

Franz-Josef Bode / Erwin Dirscherl

Viele Priester bedrückt nicht so sehr, was sie tun sollen oder müssen, sondern mehr das, was sie nicht mehr tun können. In der Vielfalt und Komplexität der Erwartungen, Aufgaben und Herausforderungen vermissen sie (und viele Gläubige auch) die Zeit zur wirklichen pastoralen Zuwendung zu den Menschen und zur Begleitung. Die Zeit, Menschen nachzugehen und denen, die mehr suchen als eine kirchliche Dienstleistung, gerecht zu werden. Der Ausruf »Was denn noch alles?« gehört zur Standardreaktion auf neue Ideen aus der Gemeinde oder dem Bistum. Das WAS des priesterlichen Dienstes nimmt in seiner Vielgestaltigkeit so sehr in Anspruch, dass das Nachdenken und Erwägen des WIE zu kurz kommen.

Ja, der Priester braucht Zeit zum Sein, Zeit zum Gebet, Zeit zur Umkehr (konkret durch Geistliche Begleitung und in der Beichte), Zeit zur Konfrontation Gottes und des Volkes, wovon Papst Franziskus spricht (vgl. EG 154), und Zeit zum Innehalten. Wer innehält, findet inneren Halt. »Halt an, wo läufst du hin?« Dieser Anruf von Angelus Silesius* darf nicht verstummen. Und: »Ich

---

* Der Cherubinische Wandersmann, I, 82.

fürchte, dass du, von Beschäftigungen umringt, deren Zahl nur ansteigt und deren Ende du nicht absiehst, dein Antlitz verhärtest ... Was frommt es dir, nach des Herren Wort alle zu gewinnen, falls du dich selber verlierst?«, so die berühmten Worte des heiligen Bernhard von Clairvaux an seinen früheren Mitbruder Papst Eugen III.* – Ja, die Zeit für IHN, der durch mich zur Welt gebracht werden will, ist Zeit für die anderen.

Nicht umsonst stellt Papst Paul VI. in seinem Apostolischen Schreiben Evangelii nuntiandi (1975) so stark das Zeugnis des Lebens heraus *vor* dem Zeugnis durch Wort und Zeichen. Die Menschen suchen eher Zeugen als Lehrer, eher Personen als Ämter, Persönlichkeiten als Aktionen. Und nicht umsonst kennen wir im Deutschen die großartige Redewendung »Die Person bekleidet das Amt«, wenngleich wir doch oft mit dem Amt eine Person bekleiden.

Der Komparativ »wichtiger als«, der allen Provokationen dieses Buches zugrunde liegt, macht echtes Ringen um das konkrete Handeln nicht herunter, verweist es aber an die richtige Stelle. Agere sequitur esse, das Handeln folgt dem Sein. Und nichts ersehnen Menschen heute mehr als geistlich authentische Persönlichkeiten.

Eine solche Persönlichkeit zu sein, ist dem Priester in dieser Zeit aber nur möglich in einem echten Zusam-

---

* Aus: Bernhard von Clairvaux, Was ein Papst erwägen muss, Einsiedeln 1985.

menspiel mit den anderen Diensten und Charismen in Gemeinde und Kirche. Es ist nur möglich, wo wirklich und in der Tiefe Verantwortung geteilt wird, wo Koordination, Leitung und Verwaltung in der Verantwortung vieler Getaufter, Gefirmter, Beauftragter, Gesendeter und Geweihter stehen und wo dem Priester – in ähnlicher Weise wie dem Bischof – wieder zuerst der Dienst an der Einheit und der Dienst an der Vergegenwärtigung Christi aus der Feier der Eucharistie heraus obliegt.

Das WIE vor dem WAS wertet das Handeln, die Inhalte, das anstrengende Ringen um den Aufbau und die Zukunft der Kirche nicht ab. Es entspricht vielmehr der Sehnsucht der Menschen nach unverfälschtem Leben, nach glaubwürdiger Autorität und nach wahren Vorbildern, die selbstfähig, beziehungsfähig und gottfähig sind.

Wenn der Priester dem Bild des Baumes entspricht, dessen weit ausgreifende Krone die entsprechenden Wurzeln in der verborgenen Tiefe hat, kann sein Dienst in Demut, Gelassenheit, Offenheit und Zuversicht gelingen. »Gesegnet der Mensch, der auf den Herrn vertraut. Er ist wie ein Baum, der am Wasser gepflanzt ist, der zur rechten Zeit seine Frucht bringt und dessen Blätter nicht welken. Alles, was er tut, wird ihm gut gelingen« (vgl. Ps 1; Jer 17,7ff.).

Papst Franziskus gibt uns ein solches Vorbild, das mehr durch das WIE seines Lebens als durch das WAS seines Handelns geprägt ist. So kann er schreiben:

»Die Mission im Herzen des Volkes ist nicht ein Teil meines Lebens oder ein Schmuck, den ich auch wegnehmen kann; sie ist kein Anhang oder ein zusätzlicher Belang des Lebens. Sie ist etwas, das ich nicht aus meinem Sein ausreißen kann, außer ich will mich zerstören. Ich bin eine Mission auf dieser Erde, und ihretwegen bin ich auf dieser Welt. Man muss erkennen, dass man selber ›gebrandmarkt‹ ist für diese Mission, Licht zu bringen, zu segnen, zu beleben, aufzurichten, zu heilen, zu befreien. ... Wenn hingegen einer die Pflicht auf der einen Seite und die Privatsphäre auf der anderen Seite voneinander trennt, dann wird alles grau, und er wird ständig Anerkennung suchen oder seine eigenen Bedürfnisse verteidigen. So wird er aufhören, ›Volk‹ zu sein« (EG 273).

Zu Recht fragt Alfred Delp:

»Sind wir noch wissende Menschen? ... Die noch etwas ahnen von den letzten Dimensionen, wonach alle Dinge gemessen werden?

Sind wir noch entscheidende Menschen, nicht Menschen des großen Einflusses und der sichtbaren Plätze, sondern Menschen der Herzensprüfung und des schlagenden Gewissens? ...

Sind wir noch glühende Menschen? Ist noch irgendeine Leidenschaft in unserer Seele, für die man sich selbst einsetzt? Oder ist das alles so nüchtern und dürftig und schön geordnet, dass es kein Herz mehr entzündet? ...

Sind wir noch erobernde Menschen? Menschen, die inmitten von tausend Untergängen stehen als solche, die die Welt erobern wollen wie Petrus vor dem Heiland stand, als er zu ihm sagte: ›Du bist Petrus, der Fels!‹‹«*

Wichtiger ist, für die Mission gebrandmarkt zu sein, als mit vielen Aktionen zu missionieren.

---

* Alfred Delp, Kirche in Menschenhänden, hrsg. v. Roman Bleistein, Verlag Josef Knecht, Frankfurt 1985, S. 77f.

2.

Wichtiger ist,
was
in mir Christus tut,
als was
ich selber tue.

Das ist eine unmittelbare Fortsetzung der ersten Priorität. Man muss diese Gewichtung mit dem Primat des Glaubens im Leben des Priesters zusammensehen: der Glaube als Lebensform, der den Priester mit allem, was er ist und nicht ist, zur Hohlform werden lässt. Das »agere in persona Christi« (Handeln in der Person Christi – also z. B. wenn der Priester sagt: »Das ist mein Leib«, und es ist Christi Leib) hat in unserer Sakramentenlehre den Akzent einer Vollmacht, die kein Mensch aus sich haben kann. In seiner existentiellen Fortsetzung führt »agere in persona Christi« aber gerade zu dieser Hohlform, die nicht Verflüchtigung und Bedeutungslosigkeit des eigenen Einsatzes, sondern »Da-Sein« als Verfügbarkeit bedeutet: »Liebst du mich?« »Du weißt, dass ich dich liebe« (vgl. Joh 21,15–17) – übrigens auch als ständige neue Bereitschaft, trotz eigenen Versagens dem Herrn zur Verfügung zu stehen.

In diesem Sinne also: Wichtiger ist, was in mir Christus tut, als was ich selber tue.

Aber stimmt das? Ist das nicht gefährlich, sein Tun und mein Tun auseinanderzureißen? Kann man das trennen: Er in mir – und ich aus mir? Hat er denn in dieser Geschichte, im Jetzt und Hier andere Hände als die meinen, als die unseren? Haben wir nicht die Zielvorgabe, Motivvorgabe, Kraftvorgabe Evangelium – und dann müssen wir ans Werk, mit unserem rationalen Planen, mit unserem Einsatz? Rückgriff dauernd und direkt auf ihn, gar auf ihn in uns: ist das nicht Mystizismus?

Gegenfrage: Wenn wir dabei stehenblieben, dass es nur unsere Sache ist, nur unser Wirken, durch die Christi Wirksamkeit »operationalisiert« wird, dann wäre die einzige Konsequenz der Dauerstress. Und im Grunde bliebe es so, auch wenn wir viel mehr wären und viel mehr täten. Wir gingen immer in den zu großen Schuhen des Heilswillens Gottes für alle – und wir erreichten nie alle; oder jene, die wir erreichten, nie bis in jene Tiefe, in welcher Christus sie erreichen will. Die Leidenschaft für alle, die Leidenschaft für das Ganze gehört ganz gewiss hinzu. Und sie darf und muss uns verbrennen, sie darf und muss uns alles abfordern. Aber alles nicht in Krampf und Ängstlichkeit, sondern alles in jenem Vertrauen und jener Gelassenheit, durch die er hindurchstrahlt. Er kann einfach mehr als wir. Und wir sollen Zeichen dafür sein, dass er mehr kann, als wir können. Wir tun immer zu wenig, und das können wir nie aufholen. Aber dieses »zu wenig«, das wir sind, wird zum Glasfenster, durch das sein Licht hindurchscheint. Die Grenzen annehmen und dabei wissen, dass er Grenzen überschreitet, überwindet. Alles tun, wissen, dass es zu wenig ist – und das im Vertrauen verschenken an ihn: gerade so werden wir Zeugen für ihn sein.

Übrigens: Wir werden wohl nur so die Kraft finden, uns nicht in einem bloß objektivistischen Verkündigungs- und Sakramentenservice zu erschöpfen, wir werden uns selber so ganz hineingeben, wie wir sind, in das, was wir tun. Aber zugleich werden wir im Vertrauen darauf, dass er sich hineingibt in sein Wort und in sein sakramentales Wirken, auch die Kraft finden zur Nüchternheit, zur Bescheidung, zu jenem im guten Sinne »objektiven« Dienst, der nicht im Moralisieren und Überreden und Beeindruckenwollen sich verkrampft.

Also doch: Wichtiger ist, was in mir Christus tut, als was ich selber tue.

FRANZ-JOSEF BODE / ERWIN DIRSCHERL

Kennen Sie noch die Filme von Don Camillo und Peppone? Da können wir beobachten, wie ein Pfarrer in seiner Kirche mit Jesus am Kreuz spricht. Es erscheint uns auf den ersten Blick vielleicht naiv, wie die beiden miteinander reden. Aber das Schöne ist doch, dass da ein Priester seine Probleme mit Jesus bespricht, um herauszubekommen, was Jesus will und was er selber will. Gebete liegen auf der Grenze zwischen dem Dialog mit Gott und dem Dialog mit mir selber. Was tut Don Camillo am Ende? Seinen Willen oder den Willen des Herrn? Manchmal dreht er das Kreuz auch einfach um ...

Jesus ist für Don Camillo ein Gegenüber. Manche in unserer Kirche sind der Meinung, sie seien als Priester mit Christus identisch und daher ebenso wie dieser permanent im Einsatz, so dass es keinen Raum für die eigene Persönlichkeit gebe. Paulus sagt im ersten Korintherbrief, dass wir in der messianischen Zeit ein anderes Verhältnis zu uns und unserem Beruf bzw. zu unserer Berufung haben. Wir leben in einem Abstand zu dem, was wir sind und tun (1 Kor 7). Wir haben ein Amt, als hätten wir es nicht! Wir stehen zu unserem Amt in Beziehung! Und wir stehen zum Herrn in Beziehung. Er ist in uns, aber er ist und bleibt auch unser Gegenüber.

Wir alle dürfen diesen Abstand als Freiheits- und Handlungsraum annehmen, den der Messias uns eröffnet und lässt. Schauen wir auf sein Beispiel:

Jesus wird oft bedrängt von den Menschen. Er wird in die Enge getrieben, als man ihm die Ehebrecherin vorführt. Das Gefühl kennen wir auch; es gibt verschiedenste Gründe, sich eingeengt zu fühlen. Was tut Jesus? Er bückt sich und schreibt in den Sand! Was ist das für ein Verhalten? Was für ein wohltuendes Verhalten! Er unterbricht den Druck, der auf ihn ausgeübt wird, und nimmt sich Zeit. Er wird noch einmal befragt, und dann sagt er: Wer von euch ohne Sünde ist, der werfe den ersten Stein. Dann bückt er sich wieder und schreibt weiter.

Eine solche Antwort braucht Zeit. Er fragt sich möglicherweise auch erst, was er tun soll. Soll er das Gesetz außer Kraft setzen, das die Steinigung für die Ehebrecherin vorsieht? Dann wäre er in die Falle getappt, die man ihm stellt. Er wäre ein Gesetzesbrecher. Aber er will das Leben der Frau retten, er will sie nicht verurteilen. Er liebt die Menschen. Wenn er im Namen Gottes dieses Leben retten will, ohne das Wort Gottes, das in der Tora geschrieben steht, Lügen zu strafen, dann kann er seinen Willen im Einklang mit dem Willen Gottes scheinbar nur dann tun, wenn er das Handeln der Menschen an eine unerfüllbare Bedingung knüpft: Wer von euch ohne Sünde ist! Die Menschen gehen nach und nach, keiner wirft einen Stein. Und Jesus fragt die

Frau: Wo sind sie alle hin? Hat dich keiner verurteilt? Und sie sagt: Keiner, Herr. Und Jesus sagt: Dann verurteile auch ich dich nicht! Barmherzigkeit und Gerechtigkeit bilden keinen Gegensatz!

Was tut Jesus in uns? Er kann uns helfen, den Druck zu unterbrechen, der auf uns oder andere ausgeübt wird. Wir können uns und andere entlasten. Wir dürfen uns Zeit nehmen, wenn wir allzu sehr bedrängt werden. Und Papst Franziskus hat einen weiteren Impuls Jesu aufgegriffen: Sei vorsichtig mit deinem Urteil! (EG 179). Jesus fragt die Menschen, er textet sie nicht zu. So können auch wir Fragende und Suchende sein, die das Leben der Menschen fördern wollen, auch wenn sie Sünder sind. Papst Franziskus spricht in Evangelii Gaudium (EG 179) von einer kontinuierlichen Fortführung der Inkarnation im Mitmenschen; wir begegnen dem inkarnierten Wort Gottes im anderen, in den Armen und Verlorenen, die wir nicht vergessen und ausgrenzen dürfen. Inkarnation als Revolution zärtlicher Liebe zu verstehen (EG 88) bedeutet, die Barmherzigkeit als höchste Tugend radikal ernst zu nehmen und ihr den entsprechenden Platz in der Hierarchie der Wahrheiten einzuräumen (EG 37). Wir können die Menschen lieben, wie Jesus uns geliebt hat. Die Priester können den Blick des guten Hirten annehmen, »der nicht darauf aus ist, zu urteilen, sondern zu lieben« (EG 125). Und sie können anerkennen, dass das gemeinsame Priestertum in anderer Weise Christus repräsentiert, so dass das Hören auf das Volk Gottes auch ein Hören auf den Herrn bedeutet.

Es ist wichtiger, Menschen mit dem Blick der Liebe wahrzunehmen, als sie zu beurteilen.

3.

Wichtiger ist,
dass
ich die Einheit im Presbyterium lebe,
als dass
ich in meiner Aufgabe allein aufgehe.

»Die Freundschaft mit Jesus hat als Frucht und Konsequenz die Freundschaft miteinander.« »Wer Freund
Christi ist, der kann an der Sendung des Bischofs nicht
vorbeigehen ...«* Zwei unmittelbar zusammenhängen-
de Gedanken aus der Predigt des Papstes Johannes
Paul II. an die Priester im November 1980 in Fulda.
Es wird für uns Priester darauf ankommen, den zweiten Satz nicht im Sinn einer disziplinarischen Ordnung zu hören, sondern den inneren Zusammenhang
mit der Freundschaft Christi zu erfassen.

»Wo ist denn mein Nächster?« (Lk 10,29) fragt der
Schriftgelehrte Jesus, nachdem dieser von der Nächstenliebe gesprochen hatte. »Wo ist denn die Kirche?«
fragen viele von uns. Sie suchen sie mit Recht so in ihrer Reichweite, wie Jesus uns den Nächsten in den un-
mittelbaren Lebensraum gestellt hat. Mancher könnte
dann allein noch seine anvertraute Gemeinde sehen
und sagen: Dort ist mir Kirche am nächsten. Gewiss!
Das Folgende ist auch nicht gesagt, als gäbe es eine
Klerikerkirche als Sondergemeinschaft der Freunde

---

* Vgl. Papst Johannes Paul II. in Deutschland, Verlautbarungen des Apostolischen Stuhles 25, Bonn 1980, 111.

Christi. Aber die communio mit den Mitbrüdern und dem Bischof gehört auch zu der Kirche, die wir unmittelbar und konkret leben. Ohne die communio der Priester werden auch die Gemeinden nicht zur communio; ohne unsere Herkunft und Verwurzelung in der communio keine communio, die aus unserem Dienst wächst!

Meine Aufgabe als *meine* Aufgabe bleibt so lange bloße Idee und eigener Entwurf, solange sie nicht dort entspringt, wo Kirche als gelebte Realität mich einbezieht. Sie mag manchmal widerständliche Realität sein. Aber gerade so drängt sie zur Wahrheit, die frei machen wird. Mit meinen Ideen kann ich für mich allein kein Leben erfahren. Mit Menschen kann ich es. Ich suche mir aber auch nicht nur die Menschen aus, die auf meiner Wellenlänge liegen. Die Kirche der Mitbrüder und des Bischofs bewahrt mich, Kirche als Geschmacks- und Stilfrage zu betrachten.

Deshalb: Wichtiger ist, dass ich die Einheit im Presbyterium lebe, als dass ich in meiner Aufgabe allein aufgehe.

Und doch nochmals: Stimmt das? Es ist sicherlich ein großer Fortschritt, dass wir heute loskommen von dieser fatalen Zweiteilung: »Heilsmacher« und »Heilskonsumenten«, aktive und passive Christen – und die aktiven sind die Priester. Ja, die Kirche und jede Gemeinde ist eine Gemeinschaft mit vielen Gaben des Geistes und mit vielen Diensten, die einer den anderen brauchen und ergänzen. Und doch greift es zu kurz, wenn wir den Priester nur als Träger einer, wie auch immer bestimmten und vermittelten, Fülle von Funktionen verstehen. Er kommt durch seine Priesterweihe sozusagen her aus dem Abendmahlssaal, aus dem Kreis der Zwölf, die mit Jesus Mahl hielten und die jene Einheit, die er in seiner Hingabe für alle stiftete und in der Eucharistie zum bleibenden Vermächtnis werden ließ, hineintrugen in die Geschichte. Der Dienst der Apostel wird zur Fortsetzung und Aktualisierung dieses Abendmahlsgeschehens, dieser Gründung des neuen Gottesvolkes im Paschamysterium. Und mit dem Tod der Apostel ist dieser Dienst am je neuen Werden und Bleiben von Kirche nicht zu Ende. Er geht weiter in der Nachfolge der Apostel und in der Teilgabe an ihrer Sendung durch die Weihe. Dann aber ist klar: Priestertum geht wesenhaft darauf aus, Gemeinschaft zu stiften, hier und jetzt, communio mit dem Ursprung. Aber die communio des Priesters mit dem Ursprung ist nicht nur eine persönliche Verbundenheit mit Christus. Der Priester kommt von Christus her – aber indem er herkommt aus der Gemeinschaft derer, die in derselben Sendung, im selben Dienst an der communio stehen wie er.

Darum ist es einfach eine Verkürzung, wenn ich als Priester es gut kann mit denen, die in meiner Gemeinde wirken und leben – aber ich kann es nicht gut mit den anderen Priestern, ich kann es nicht gut mit der

Gemeinschaft des Presbyteriums um den Bischof. Nur Gemeinschaft zeugt Gemeinschaft. Und ich kann »meine« Aufgaben nicht als meinen eigenen Teil mir herausnehmen, auch wenn ich diesen Teil nachher ganz brüderlich mit anderen teilen mag. Ich stehe in der Sendung, die immer rückgebunden werden will an die Gemeinschaft derer, die beim Herrn sind und darum beieinander sind, damit er sie sende.

Papst Johannes Paul II. spricht immer wieder von einer collegialitas affectiva et effectiva* der Bischöfe. Sie muss sich fortsetzen in einer fraternitas affectiva et effectiva, in einer zugleich herzlichen und menschlichen wie auch tätigen und praktischen Brüderlichkeit der Priester. Und unzählige Male bestätigt es sich: Zeit, die der Priester für seine Mitbrüder hat, ist im letzten Zeit, die er für seine Gemeinde, für die ihm Anvertrauten hat.

---

* (Anm. d. Bearb.) affektive und effektive Kollegialität.

Franz-Josef Bode / Erwin Dirscherl

Nur Gemeinschaft zeugt Gemeinschaft. Diese Einsicht
ist heute wichtiger denn je. Einmal, weil Individualismus
und Pluralismus in unseren Breiten alle Menschen
durchdringen, auch die Priester. Ebenso aber, weil die
Ur-Sehnsucht nach gelingender Gemeinschaft ungebro-
chen und die Angewiesenheit auf das Miteinander, die
Einheit der Verschiedenen überlebensnotwendig ist.
Und das auf allen Ebenen von Kirche und Gesellschaft.
Communio, der Schlüsselbegriff des Zweiten Vatikanischen Konzils, ist heute noch einmal mehr gebotene
Realität. Nicht zuerst, weil wir gemeinsam stark sind,
sondern weil Gott selbst in sich Gemeinschaft ist und
mit uns in die tiefste Gemeinschaft eingetreten ist, die
alle unsere Vorstellungen übersteigt, da sie in der Brot-
werdung, in der Vereinigung im Mahl der Eucharistie ihren Ursprung hat und ihren Höhepunkt findet (culmen
et fons; vgl. SC 10). Das ist nicht mehr nur die communio des Presbyteriums mit dem Bischof und untereinander, begründet durch die Weihe, sondern auch die communio mit dem priesterlichen Volk Gottes, mit allen
Diensten und Charismen der Getauften und Gefirmten.

Die heutige Realität der communio von Gemeinden
und den vielen Lebensorten der Pastoral bildet ein gro-

ßes Netzwerk mit sehr verschiedenen Knotenpunkten, die nicht mehr nur territorial, sondern auch lokal, personal, kategorial und medial bestimmt sind. Der Pastorale Raum als Lebensraum für vielfältige Formen von Seelsorge erfordert eine weit intensivere communio, als es früher der Fall war.

Die Kirche als Abbild des dreifaltigen Lebens Gottes (vgl. LG 4) ist bis in ihre aus Taufe, Firmung und Weihe erwachsenden Dienste geprägt von der trinitarischen Struktur unseres Glaubens: von der schöpferischen Autorität Gottes *über* uns – des Vaters; von der abgrundtiefen, unauslotbaren Hingabe Gottes *mit* uns – des Sohnes; und von der umfassenden Liebe Gottes *in* uns und mitten *unter* uns – des Heiligen Geistes, der zugleich der Garant der Verschiedenheit der Gaben und das Band der Einheit ist. Er verhindert den theologischen, geistlichen und geistigen Narzissmus oder gar Autismus von Kirche, Gemeinden und Verantwortlichen; und er verhindert ebenso die zentrifugale Zerstreuung in alle möglichen Aufgaben, Ideen und Maßnahmen.

Jede abendliche Rückschau auf den Tag sollte drei Fragen enthalten: Habe ich nach oben auf den Größeren geschaut? Nach unten zu denen, die mich brauchten? Und habe ich auf unser Miteinander geschaut?

Das Koordinatenkreuz unseres trinitarischen Glaubens in vertikaler und horizontaler Verbindung der Autorität des Vaters (»auctoritas« kommt von »augere« und meint »sich entfalten lassen, vermehren«, ist also das

Gegenteil von »klein halten«) und der Hingabe des Sohnes eröffnet einen weiten Lebensraum des Geistes als Kirche. Oder wie Karl Rahner sagt: »Kirche ist die Improvisation des Geistes.«*

In dieser trinitarisch geprägten Gemeinschaft bilden die Teams der Dienste aus Hauptberuflichen und Ehrenamtlichen eine communio pastoralis, eine Ebene der Kooperation. Diese Ebene ist weder ein Freundschaftsbund (communio humana – communicatio) noch eine geistliche Gemeinschaft (communio spiritualis – unio). Sie ist bestimmt von den gemeinsamen Aufgaben und Zielen der Pastoral, darf dabei aber niemals der humanen und spirituellen Ebenen völlig entbehren, wenn sie als Gemeinschaft Gemeinschaft zeugen will. Es geht darum, dass jedes Sein und Handeln eines ICH (Selbst) eingebunden ist in ein WIR und das WIR die Einzigartigkeit des ICH (Selbst) anerkennt und würdigt – eben gemäß der trinitarischen Grundlage der Einheit in Verschiedenheit. – Geschieht unser Handeln aus einem echten WIR?

Im Abstand von nur zwei Kapiteln spricht das Matthäusevangelium das an: »Was *du* auf Erden binden / lösen wirst ...« (Mt 16,19) und »Was *ihr* auf Erden binden / lösen werdet ...« (Mt 18,18) wird auch im Himmel gebunden / gelöst sein. ICH und WIR aber sind unlös-

---

* Karl Rahner, Angst vor dem Geist, in: ders., Chancen des Glaubens, Freiburg 1971, S. 53f. 57, Anm. 22.

lich verbunden. Der Stab des Bischofs ist nicht handhabbar ohne einen Stab von Mitarbeiterinnen und Mitarbeitern. So ist es auch im Dienst des Priesters. Dabei sind die Mitarbeitenden nicht der verlängerte Arm des Priesters oder des Bischofs. Vielmehr dient der geweihte und auch der hauptberufliche Dienst der Entdeckung, Begleitung und Befähigung der anderen Dienste und Charismen. Die vornehmste Aufgabe des priesterlichen, des geistlichen Dienstes in der Kirche ist die Befähigung vieler zum Zeugnis und zur Verantwortung. So vollzieht er den Dienst an der Einheit und am Aufbau der Kirche in der rechten Weise.

Die Eucharistie ist als genossenes Brot tiefste Einheit mit Christus und als gebrochenes und geteiltes Brot tiefste Einheit unter den Christen. Wo Papst Franziskus von den »Hirten mit dem Geruch der Herde« spricht,* meint er nicht den Geruch des Presbyteriums, sondern des Volkes, das den Spürsinn des Glaubens lebt und den Dienst des Priesters mitträgt.

In dieser communio des priesterlichen Volkes Gottes gewinnt das Presbyterium und besonders das Miteinander der Pfarrer neu an Bedeutung. Nicht um einen Geheimbund zu schließen, sondern um sich im speziellen Dienst der Einheit, der aus der Eucharistie erwächst, und durch den gemeinsamen Blick auf Jesus Christus gegenseitig in der Erfahrung der Einheit zu stärken, da-

---

* Predigt in der Vatikanischen Basilika an Gründonnerstag, 28. März 2013.

mit Gemeinschaft Gemeinschaft zeugen kann. Die bereichernde Vielfalt pastoraler Dienste in Antwort auf die Vielortigkeit und Vielgestaltigkeit der Seelsorge fordert ein neues WIR heraus, das der Kirche als Volk Gottes, als Leib Christi und als Haus und Tempel des Heiligen Geistes entspricht.

Wichtiger ist es, aus einem tiefen WIR heraus zu sein und zu handeln als aus einsamer Verantwortung und Entscheidung (die dem Priester allerdings mitunter nicht erspart bleibt).

4.

Wichtiger
ist
der Dienst des Gebetes und des Wortes
als
der Dienst an den Tischen.

Eine seit den Tagen der Urkirche oft genug wiederholte
Rangfolge (vgl. Apg 6,1–7). Ihr Sinn liegt darin, dass
jede kirchliche Horizontale – so unverzichtbar grundsätzlich die Horizontale für die Kirche ist – ohne die
Vertikale schal und überflüssig wird. Die Priorität sagt
nicht nur etwas über die proportionale Zeiteinteilung –
Gebet und »andere« Arbeit (nicht nur!) –, sondern über
die Durchdringung aller Arbeit (bzw. wenn es zuerst
auf das Sein ankommt: der ganzen Person) mit der Ver-
tikalen. Deshalb wäre es auch höchst bedenklich, wenn
der Priester die Feier der Sakramente als eine Aufgabe
ansähe, bei der seine Person sowieso nicht originell
eingefordert ist. Und dieses Missverständnis könnte
auch einiges ans Licht bringen, was gelegentlich über
das »agere in persona Christi« gedacht wird.

Die Priorität des Gebetes vor »horizontalen« Aufgaben wäre aber auch dann gründlich verkannt, wenn
die Vertikale als Mittel zum besseren Erfolg eingesetzt
würde: Es geht darum, für den Gott frei zu sein, der
nicht nur Mittel zum Heil der Welt ist, sondern der in
seiner Größe über alles hinaus, was Welt ist und wir
darin sind, einfach als er selbst Heil der Welt, Heil für
uns ist.

In diesem Sinne also ist es zu verstehen und gilt es: Wichtiger ist der Dienst des Gebetes und des Wortes als der Dienst an den Tischen.

Es heißt also nicht: Diakonia, Bruderdienst wird abgewertet im Verhältnis zu Martyria und Leitourgia, zu Verkündigungsdienst und sakramentalem Dienst. Und es heißt auch nicht, dass der Priester das konkrete Dienen und Helfen einfach anderen überlassen kann, dass er sich keine schmutzigen Hände in der Alltäglichkeit des Lebens zu machen braucht.

Doch trotz solcher Klarstellungen bleibt die Rückfrage: Stimmt das? Ist nicht gelebte Liebe *das* Zeugnis, ohne welches Wort und Gebet kraftlos und unglaubwürdig bleiben? Ganz gewiss. Aber Wort und Gottesdienst als das »automatisch« Wirkende zurückzustellen hinter praktischen Aktivitäten, sich in das Vielerlei des Organisierens und Verwaltens, in die eindrucksvolle Fülle des prall besetzten Terminkalenders zu flüchten, das kann nicht die Lösung sein. Es sei keineswegs unterstellt, dass jemand dies aus purer Laune tue. Sehr oft bleibt auch dem, der noch so leidenschaftlich für Wort und Gebet sich einsetzt, nichts anderes übrig, als sich auf den Anruf des hier und jetzt völlig unplanmäßig Notwendigen einzulassen.

Doch wo die Termine, die noch so guten und wichtigen, den Vorrang auf Dauer vor »Wort und Gebet« gewinnen, da wird auch jene Liebe, jene inkarnatorische Kraft des Abstiegs Christi in die Knechtsgestalt nicht mehr spürbar in dem, was der Priester tut. Damit seine Diakonie, damit sein konkreter Einsatz Zeugnis der Liebe bleibt, braucht es die immer neue innere Verankerung seines Dienstes und seiner Existenz im Leben aus dem Wort und im Leben beim lebendigen Herrn. Wir können uns auf dem Tabor keine Hütten bauen. Aber wir sollten uns deswegen nicht den Aufstieg sparen. Sonst fehlt auch die Kraft zum Abstieg, und wir verlieren uns im Flachen der Ebene.

Franz-Josef Bode / Erwin Dirscherl

Ist es nicht provozierend, diese These in unseren Tagen zu hören, in denen Papst Franziskus nicht müde wird, das Evangelium vor allem im Sinne tatkräftiger Nächstenliebe und Barmherzigkeit zu verkündigen? Sind wir nicht zuallererst aufgerufen, den Armen und Notleidenden beizuspringen, unser Leben und unseren Besitz mit ihnen zu teilen?

Jesus ist unter den Menschen, er holt sie in das Leben zurück, wenn sie es verloren haben, er liebt sie, er heilt und hilft. Und doch gibt es Situationen, in denen er sich zurückzieht, seine dauernde Präsenz bei den Menschen unterbricht, um allein zu sein und zu beten. So wie Mose sich auf den Berg begibt, um mit Gott zu sprechen, während sein Volk unruhig wird. Im Beten wird Gott gesucht und gefunden, es werden Fragen gestellt und Antworten erprobt. Wenn oftmals der Berg Ort des Betens ist, dann bedeutet dies, dass das Gebet mir einen Abstand zu meinem Leben, eine andere Perspektive eröffnet. Beten unterbricht unser Handeln, auch den Trott des Alltags, in dem ich mich allzu schnell verlieren kann, wenn das Wesentliche von vielen Kleinigkeiten verschüttet zu werden droht. Das Gebet hilft mir, zu Gott und zu mir zu finden. Es ist eine Schule des Reduzierens, des Zurückführens auf das Wesentliche. Ich werde betend in das Geheimnis meines Lebens geführt. Wenn ich dann in den Alltag zurückkomme, dann weiß ich, woher wir kommen und wohin wir gehen: aus dem Geheimnis der Liebe, aus Gott, der unsere Vollendung ist. Diese Herkunft und Zukunft, die in unsere Gegenwart eingezeichnet ist, feiern wir auch in den Sakramenten.

Das Beten ist eine Antwort des ganzen Menschen als Ausdruck der eigenen Persönlichkeit. Beten bedeutet, dem Wort Gottes so wie die Propheten zu antworten: Siehe, hier bin ich! Der jüdische Gelehrte Abraham Joshua Heschel vergleicht das Gebet mit einer Insel in dieser Welt. Wenn wir an der Küste dieser Insel ankommen, begegnen wir denselben Stürmen, derselben Spannung und Gefahr wie im Leben. Zerklüftet ist die Küste, und angesichts majestätischer Erscheinungen stehen wir und suchen nach einem geeigneten Wort, das uns festen Halt für unsere Seele geben kann. Das Gebet erfüllt sich nicht in einem Augenblick, es bewegt sich auch nicht auf ebener Bahn, sondern drängt durch Tiefen und Höhen, auf Umwegen und Nebenstraßen voran. Beten braucht Zeit! Beten bedeutet, je neu anzufangen und aufzubrechen. Papst Franziskus betont, dass alle in der Seelsorge Tätigen in der Haltung des Aufbruchs leben (EG 27). Aufzubrechen bedeutet, die Initiative zu ergreifen, »sich einbringen, begleiten, Frucht bringen und feiern« (EG 24).

Je neu aufzubrechen hilft uns, dass Beten und Leben nicht auseinanderbrechen. Die Beziehung zwischen dem Gebet und dem Dienst an den Tischen treibt schon Paulus im ersten Korintherbrief um. Ein isolierter Blick auf das kultische Geschehen kann das Wesentliche verdecken. Die Rezitation der Einsetzungsworte ist Teil einer Paränese, einer Mahnrede, die auf die Wandlung des Lebens zielt. Wie sollte denn auch sonst die Heilsbedeutung solcher Aussagen für unser Leben deutlich werden? Paulus kann nicht tolerieren, dass beim Sättigungsmahl die Begüterten schon essen und trinken, bevor die Armen später von der Arbeit dazukommen und dann hungernd das kultische Mahl begehen müssen. Hier brechen der Alltag und die gefeierte Gegenwart des Herrn auseinander. Wir sind auch nach der Taufe nicht davor bewahrt, dass es immer wieder zu Rückfällen kommt. Wir dienen dem anderen nicht, um etwas zu verdienen. Wir können die Liebe und unsere Zeit umsonst, aus Gnade schenken, ohne eine Gegenleistung zu erwarten!

Das Amt des Diakons kommt in besonderer Weise in den Blick, wenn es um den Dienst an den Tischen geht. Die Diakonia, obgleich sie von allen gelebt werden soll, ist in der Stufung des Amtes vor allem dem Diakon aufgetragen. So war es in der frühen Christenheit dessen Aufgabe, sich um die Armen zu sorgen. Es ist zu überlegen, ob das nicht für die heutige Zeit eine Hilfe wäre, in den Gemeinden dem Diakon, auch zur Entlastung des Priesters, diese Aufgabe der Fürsorge zu übergeben. Damit könnte er zur Schnittstelle zwischen der Gemeinde und der Caritas werden. Gerade in der Situation vermehrter Migration werden diese Aufgaben und Herausforderungen zunehmen. Die Kirche ist gut dafür gerüstet, wenn sie ihre Möglichkeiten kreativ nutzt und den Diakon nicht nur als »Hilfspriester« mit beschränkten Kompetenzen versteht, sondern als Dienst der Gemeinde an den Armen und Notleidenden stärkt.

Wichtiger ist es, aus Lebensgeschichten Gebete werden zu lassen, als das Gebet vom Leben zu trennen.

5.

Wichtiger
ist,
die Mitarbeiter geistlich zu begleiten,
als
möglichst viele Arbeiten selbst und allein zu tun.

In den jetzt anstehenden Prioritäten kommen einige Fallbeispiele für den Priester, der entscheiden soll, was er guten Gewissens *jetzt* tun soll und was er unter den Tisch fallen lassen darf:

Vermutlich müssen wir alle an dem zunächst genannten Punkt der geistlichen Sorge um die Mitarbeiter sehr entschieden umdenken. Da wird auch ein Ansatzpunkt für Strukturwandlungen liegen, die hier nicht Thema sind. Aber Voraussetzung für einen Wandel, der sowohl der Kirche gut tut als auch die Berufsfreude des Priesters heben kann, ist wohl die Einsicht in eine »organische« Ausübung des Dienstes, bei dem gerade die Organe als das genommen werden, was sie sind: nicht Instrumente mit einer Zweckfunktion, sondern Gläubige, die in ihrem Arbeiten für die communio darauf angewiesen sind, selbst – als die persönlichen Menschen, die sie sind – in die communio einbezogen zu werden. Wohlgemerkt: nicht Organe des Priesters, sondern Organe Christi, seines Leibes, *mit* dem Priester.

Doch gerade deshalb steht es auch dem Priester an, sich zu bescheiden, nicht alles zu tun, sondern das, was ihm organisch zuwächst – und seine Sorge um das

Ganze von Gemeinde ist zumal Sorge um die Organe, dass sie zusammenspielen, dass sie an sich selber gesund und kräftig bleiben und aus dem Geist her Kraft finden, ihren Dienst zu tun.

Darum also: Wichtiger ist, die Mitarbeiter geistlich zu begleiten, als möglichst viele Arbeiten selbst und allein zu tun.

Und doch: Darf das so stehenbleiben? Wird hier der Priester nicht in eine Rolle gedrängt, die weder ihn erfüllt noch den Erwartungen entspricht, die von den Gemeinden an ihn gerichtet werden? Also: Der Priester fernab vom Alltag der Gemeindemitglieder, nicht mehr unmittelbar erfahrbar in der Begegnung, im Besuch, bei den Kranken, in der Schule – dafür stets in Dienstbesprechungen, bei Gremien, im Zirkel der beruflichen oder ehrenamtlichen Insider des Gemeindebetriebs? So gewiss nicht. Und doch Mut zur Beschränkung. Es ist gut, dass er nicht alles allein und selber machen kann. Es ist gut, dass es viele gibt, immer mehr gibt, die mittragen und mittun. Doch dieses Miteinander darf nicht ein synchronisiertes Nebeneinander sein. Kompetenzverteilung tut not; aber Rückzug auf die eigenen Kompetenzen und Funktionen – und im Übrigen mag jeder sehen, wie er seinen Dienst tut und mit ihm fertig wird: das ist nicht jene communio, auf die alles zuwachsen soll. Dienst an den Diensten, geistliches Begleiten, Annehmen und Ernstnehmen der Mitarbeiter und nicht nur ihrer Mitarbeit, dies ist eine Priorität priesterlichen Dienstes. Und es ist eine durchaus priesterliche Priorität.

Sich geistlich anfordern lassen von den Mitarbeitern, *durch* sie und *mit* ihnen die Nöte und Fragen aller im Herzen tragen und zum Herrn hintragen: solches will zwar Schritt um Schritt erlernt werden; aber wenn es angestrebt und bejaht wird, ist es nicht nur neuer Anspruch, sondern auch Hilfe für die priesterliche Existenz. Also nicht: Abschied von der »Basisarbeit«, aber ein Ja dazu, dass der Priester nicht alles tun kann und dass andere mit ihm Gemeinde aufbauen und begleiten. Der Dienst an den Mitarbeitern drängt den Priester in jene Mitte, die nicht er selber ist, sondern die ein anderer ist, jener, von dem er leben und Leben weitergeben soll.

Dienst an den Diensten ist eine Herausforderung, die sich heute in besonderem Maße stellt. Denn die Dienste sind erheblich vielfältiger geworden, und die Belastbarkeit aller wird oft auf eine harte Probe gestellt. Geistliche Begleitung und Supervision für die Einzelnen wie für die Teams gehören zum Standard des professionellen kirchlichen Dienstes. Das ersetzt nicht die Empathie für die menschliche, berufliche und geistliche Situation der Mitarbeiter und Mitarbeiterinnen, die eine Seelsorge an den Multiplikatoren ist und sich deshalb auf alle auswirkt. Dabei müssen allerdings die Rollen als Vorgesetzter, als geistlicher Begleiter, als Dienstgeber oder als brüderlicher Freund, vor allem aber auch das Forum externum und das Forum internum klar unterschieden werden. Dennoch darf der Priester – besonders als Pfarrer – viel Zeit für die Begegnung, Ermutigung und Begleitung aller Dienste aufwenden, die dann mittelbar allen zugutekommt. Jeder muss sich fragen, ob er diese Zeit genügend mit einplant.

Pastoralklausuren, Studientage, gemeinsame geistliche Tage, gemeinsam erlebte Erholungstage mit gemeinsamen kulturellen Erfahrungen stärken diesen Dienst an den Diensten und sind für das Ganze alles andere als verlorene Zeit. Je mehr Annahme, Wertschätzung, Zuspruch und Interesse von allen Diensten – hauptberuflichen wie ehrenamtlichen – erfahren werden, desto mehr geben sie Halt und verstärken das Netzwerk. Außerdem bleibt der Priester, besonders der Pfarrer, nah an den Sorgen und Freuden, Hoffnungen und Ängsten der Menschen, wenn er sich auf das WIR aller Dienste einlässt. Grundvoraussetzung für diesen Weg ist freilich die ausgewogene Balance von Nähe und Distanz, von Offenheit und Diskretion. Nötig ist die immer wieder wache Reflexion: Ist das Dienstgespräch genügend geistlicher Art, geprägt von menschlicher Begegnung und pastoraler Planung?

»Es ist ein Ja dazu, dass der Priester nicht alles tun kann und dass andere mit ihm Gemeinde aufbauen und begleiten«, heißt es in der obigen These. Das ist heute gültiger denn je. Freilich bleibt genauso gültig, dass das nicht Äquidistanz zu allen anderen Menschen bedeutet und kein Priester mehr die pastorale Leidenschaft spürt für besondere Zielgruppen bis hin zu einer Begabung für die Einzelseelsorge oder die geistliche Begleitung von Verbänden oder Bibelkreisen. Niemals darf bei der Priorität des Dienstes an den Diensten die Leidenschaft für die suchenden und ringenden, die notleidenden und armen, die herausfordernden und manchmal lästigen Menschen ersticken. Wo transparent mit den eigenen Kräften und mit der persönlichen Zeiteinteilung umgegangen wird – durchaus in einer gewissen Entprivatisierung –, da entwickelt sich viel Verständnis bei den Menschen für den Mut zur Beschränkung, zur Konzentration, die auf ihre Weise allen alles werden kann (vgl. 1 Kor 9,22), ohne mit allen zu kommunizieren.

Das Wort »privat« kommt von »privare«: berauben, aber auch befreien. Es beschreibt die Tendenz, anderen etwas vorzuenthalten und nur für sich haben zu wollen aus lauter Sorge um sich selbst, und ebenso die Tendenz, für sich selbst frei zu bleiben. Eine gewisse Entprivatisierung im Dienst – vor allem im Dienst an den Diensten – stärkt die Persönlichkeit, da die »persona« nicht nur eine »Maske« ist, sondern etwas durchtönen, durchscheinen lässt von den eigenen inneren Bewegungen, ohne die eigene Identität zu verlieren. Wie wehre ich falscher Privatisierung, wie finde ich einen persönlichen Stil? In diese Richtung ist auch das Wort von Papst Franziskus an die brasilianischen Bischöfe zu verstehen: »Lasst uns, liebe Mitbrüder, die Ruhe zurückgewinnen, um zu verstehen, den Schritt auf die Möglichkeiten der Pilger, auf den Rhythmus ihres Gehens abzustimmen, lasst uns die Fähigkeit zurückgewinnen, immer in der Nähe zu sein, um ihnen zu erlauben, in der Ernüchterung, die in ihren Herzen herrscht, einen Durchschlupf zu öffnen, durch den man eintreten kann.«*

Dann ist Leitungsverantwortung im Dienst des Priesters nicht Alleinverantwortung, sondern Verantwortung

---

* Ansprache im Bischofshaus in Rio de Janeiro, Samstag, 27. Juli 2013.

für die Verantwortung der vielen Dienste durch Vertrauen, Zutrauen, Befähigung, Begleitung, ja Ermächtigung, freilich auch durch Zumutung im tiefen Sinn: Herausforderung und Ermutigung zugleich.

Das schränkt priesterliche Existenz nicht ein, sondern hilft und bereichert. Daraus lebt die immer kleiner werdende Zahl der Priester unter der großen Zahl der übrigen Dienste und Charismen. Das sakramentale Netzwerk des Presbyteriums mit dem Bischof und untereinander wird getragen vom sakramentalen Netzwerk aller Getauften und Gefirmten. Auch der Priester ist »Laie«, insofern er zum »laos«, zum Volk Gottes gehört.

In Ländern mit erheblich weniger Priestern als bei uns besteht ein kontinuierlicher Kontakt zu den Gemeinden und pastoralen Orten, indem der Priester in regelmäßigen Abständen (alle drei bis vier Wochen) dort die Eucharistie feiert, andere Sakramente spendet und dann einen ganzen Tag vor Ort ansprechbar bleibt. Es wäre doch denkbar, dass dieses ›eucharistische Visitationsprinzip‹ in unseren Breiten auch einmal zu einer verlässlicheren Verbindung zu allen Bereichen führen könnte als ein hektisches Herumreisen von Messe zu Messe.

Freilich setzt das eine Vielzahl von Gottesdienstformen voraus, die in kleinen Teams von Verantwortlichen vor Ort, etwa von Lektoren und Kommunionhelfern, geleitet werden. Und das in einer gesunden Mischung von Wortgottesdiensten, die wirklich die Gegenwart des

Herrn im Wort feiern, und Kommunionfeiern, die Anteil geben am Leib Christi durch die Kommunion der Gaben aus der größeren Eucharistiefeier. Hier wird eine neue Art von Kirche sichtbar, mit der wir uns in unseren Breiten befassen müssen.

Wichtiger als überall sein zu wollen, ist es, nahe an den personalen und lokalen Knotenpunkten des Netzwerks Kirche zu sein.

6.

Wichtiger ist,
an wenigen Punkten
ganz und ausstrahlend da zu sein,
als
an allen Punkten
eilig und halb.

Diese Priorität soll insbesondere der Berufsfreude des Priesters dienen. Ihre zweifellos einleuchtende Gültigkeit schließt aber mit ein, dass der Priester nicht willkürlich das anpackt, was gerade auf ihn einstürmt. Man könnte eine Prioritätenliste sachlicher Art versuchen. Wichtiger scheint aber in diesem Zusammenhang der Hinweis auf Regeln für die Erkenntnis des Willens Gottes in der jeweiligen Situation. Anhaltspunkte für die Ausrichtung eines geistlichen Kompasses bietet die ehrliche Auseinandersetzung mit den widerstreitenden Gedanken bei einer Wahl, die zu treffen ist bzw. getroffen wurde, aber auch das behutsame Achten auf die Zufriedenheit, die wichtige Entscheidungen begleitet, und das Nachdenken über deren Gründe. Ansonsten gelingt es gar nicht: an wenigen Punkten ganz und ausstrahlend da zu sein, statt an allen Punkten eilig und halb.

Doch noch einmal reizt das dem Priester aus guter Tradition und gültiger Sendung eingeborene Verantwortungsbewusstsein fürs Ganze zum Widerspruch. Sicher, dieses Verantwortungsbewusstsein kann die Sendung und die Person ungut glorifizierende, amts- und egozentrische Verzerrungen annehmen, und gegen sie ist anzugehen. Und doch ist es wichtig, dass es einfach einen gibt, der immer den Blick über die einzelnen Aufgaben hinaus aufs Ganze und auf jeden richtet. Und diese Leidenschaft Jesu fürs Ganze hat durchaus etwas mit der eucharistischen Mitte priesterlichen Dienstes zu tun. Kann aber dann der Priester sich damit abfinden, nur an einigen Punkten da zu sein und nicht überall? Geht es nicht darum, möglichst viele zu erreichen? Wenn der Priester diese oder jene Familie besucht und die andere nicht, wenn er bei diesem oder jenem Anlass einen Festgottesdienst hält und bei einem anderen nicht, wenn er diese oder jene Beerdigung selber hält und eine andere nicht, wenn er an der Sitzung dieser Gruppe und dieses Vereins teilnimmt und an jener der anderen Gruppen nicht: verletzt er da nicht das Prinzip der Gleichheit? Haben nicht alle einen Anspruch auf ihn? Sicher, es erfordert Umdenken, gerade auch bei den Gemeinden, die Präsenz der Kirche nicht mit der Präsenz des Priesters, womöglich des Pfarrers, gleichzusetzen. Aber bedenken wir es nüchtern: Auch wenn die Zahl der Priester sehr viel größer wäre, so bliebe die Vorstellung der priesterlichen »Allgegenwart« im Gemeindeleben dennoch eine Fiktion. Es geht nicht nur darum, dass er nur an einigen Punkten da ist und an anderen nicht; es geht darum, dass er an solchen Punkten da ist, durch welche ihm der beständige Rückbezug zum Alltag, zur Lebenserfahrung gesichert ist. Und es geht darum, dass er an diesen Punkten ganz und ausstrahlend da ist. Das aber will sagen: hinhörend, sich aufs Gespräch einlassend, nicht nur als Repräsentationsfigur und Sprecher prinzipieller Grußworte. Ganz und ausstrahlend, dazu gehört auch: herkommend aus der Zu-Neigung Jesu zu jedem und zugleich die Leidenschaft Jesu für alle, fürs Ganze mitbringend. Sei so da, wo du da sein kannst, dass dabei jene, bei denen du bist, sich selber öffnen über sich hinaus und auch an die anderen, ans Ganze mitdenken.

So aber wird es Dienst an allen und am Ganzen, wenn der Priester die Priorität setzt: Wichtiger ist, an wenigen Punkten ganz und ausstrahlend da zu sein, als an allen Punkten eilig und halb.

»Wann kommen Sie denn mal zu uns?« Diesen Satz haben bestimmt alle Priester schon oft gehört.

Überall sein zu wollen bedeutet Zeitdruck pur. Das geht nur in Eile, in Hektik. Werde ich unter Zeitdruck dem anderen, der Liturgie und mir selbst gerecht?

Auch Jesus besucht bestimmte Menschen, er kann nicht zu allen gehen, obwohl er zu allen gesandt ist! Er hat einen Körper wie wir, der ihn an einen bestimmten Ort und an eine bestimmte Zeit bindet. Die Fähigkeit zur Allgegenwart ist eine Eigenschaft Gottes. Wenn Gottes Sohn in die Zeit eintritt, dann verzichtet er auf göttliche Allgegenwart. So trifft er auf bestimmte Menschen wie Zachäus. Der Zöllner hat keine weiße Weste, er ist reich, mächtig, aber klein von Statur, daher kann er vor lauter Menschen nichts sehen. Also steigt er auf einen Baum. Jesus sieht ihn und ruft ihn beim Namen: »Zachäus, komm schnell herunter!« Jesus will bei ihm zu Gast sein, er lädt sich quasi selber ein, aber die Wendung: »Heute muss ich in deinem Haus zu Gast sein« (Lk 19,5) zeugt von einer rätselhaften Notwendigkeit. Die Leute empören sich: Er kehrt bei einem Sünder ein! Jesus kümmert sich nicht um diese Zischeleien, er geht mit Zachäus, und dieser will Unrecht wiedergutmachen, die Hälfte seines Vermögens an die Armen geben und zu viel Gefordertes um ein Vierfaches erhöht zurückerstatten.

Interessanterweise bekennt Zachäus keine Schuld, Jesus fordert auch kein Sündenbekenntnis von ihm. Seine Reue und Einsicht ist an seinem Verhalten ablesbar, Jesus demütigt ihn nicht und führt ihn nicht vor. Er sagt vielmehr: »Heute ist diesem Haus das Heil geschenkt worden, weil auch dieser Mann ein Sohn Abrahams ist. Denn der Menschensohn ist gekommen, um zu suchen und zu retten, was verloren ist« (Lk 19,9). Darum musste Jesus bei ihm zu Gast sein: Eine Heils-Notwendigkeit führt ihn zu ihm! Gottes Wille, alle Menschen, die verloren sind, liebevoll zu suchen und ganz bei ihnen zu sein, führt ihn zu Zachäus. Jesus muss eine Not wenden. Er eröffnet Zachäus Raum und Zeit, sich ihm, dem Heil – und das heißt Gott – zu öffnen. Jesus hört, dass der Zöllner sein Leben ändern, den Armen und seinen Schuldnern gerecht werden möchte. Gerechtigkeit zu üben bedeutet, dem anderen gerecht zu werden. Jesus vertraut dem Zachäus, er fordert keine Abschlagszahlung, bevor er den Satz sagt: »Heute ist diesem Haus das Heil geschenkt!«

Die Besuche des Priesters und pastoraler Mitarbeiter/-innen sollen Heilszusagen an die Menschen sein. Jesus sendet Menschen aus, die wie ein Netz(werk) Menschen in ihrer Not auffangen und heilend begleiten werden. Das braucht Zeit und Zuwendung, die er uns schenkt und vorlebt. Er kann nicht überall sein, aber seine Jüngerinnen und Jünger können sich vernetzen, viele andere Menschen aussenden, um an den Knotenpunkten des Lebens der Nächsten präsent zu sein. Der Bischof sendet seine Priesterschaft in die Gemeinden, wo sie gemeinsam den Menschen nahe sind, sich gegenseitig vertrauen und entlasten dürfen. Alle Dienste und Ämter des gemeinsamen Priestertums können das Dienstamt der ordinierten Priester mittragen; alle können in Leitung, Liturgie und Verkündigung präsent sein, um die Präsenz des Herrn im Alltag und der Liturgie spürbar werden zu lassen. Dafür sollten sich alle Zeit lassen! »Einzig den Dingen oder Personen, die man liebt, widmet man eine Zeit, ohne Gegenleistung zu erwarten, und ohne Eile; und hier geht es darum, Gott zu lieben, der *sprechen* wollte« (EG 146). Auch freie und verantwortliche Entscheidungen brauchen Zeit und »unermessliche Geduld«. »Der selige Petrus Faber sagte: ›Die Zeit ist der Bote Gottes.‹« (EG 171).

Es ist nötig, dass die Priester in ihrer Arbeit entlastet werden, um Zeit zu haben. Sie sollten bereit sein, mit dem Bischof über ihren Stress und Zeitdruck offen zu sprechen und auch kritische Auseinandersetzungen nicht zu scheuen. Sie sollten bereit sein, Verstärkung und Hilfe in der pastoralen Arbeit zu erwirken, vor allem, wenn sie Anzeichen von Überarbeitung zeigen. Das geht nur mit dem Mut zu freimütiger Rede, zur Parrhesia, die Papst Franziskus auch in der Synode ausdrücklich gefordert hat. Die Bischöfe haben eine Verantwortung für die Gesundheit und das Wohlergehen ihrer Priester und aller anderen Amtsträger. Wenn sich pastorale Teams als Gemeinschaft verstehen, die sich gegenseitig entlastet und vertraut, dann wird sich das sehr segensreich auswirken. Dann steht der eine hinter dem anderen, nicht um ihm in den Rücken zu fallen, sondern um ihn zu stützen. So kann die Kirche den Priestermangel als Zeichen der Zeit ernst nehmen. Möglicherweise fordert Gott seine Kirche heraus, jetzt neue Wege zu gehen, um bei den Menschen präsent zu bleiben! Die Menschen in den Gemeinden wünschen die Präsenz der Kirche vor Ort – diesen Wunsch darf die Kirche nicht ignorieren! Nicht nur der Priester repräsentiert die Kirche, da können auch andere ihm zur Seite stehen.

Wichtiger ist es, dem Menschen, der mir begegnet, barmherzig gerecht zu werden, als distanziert auf ein Regelwerk zu verweisen.

7.

Wichtiger
ist
Handeln in Einheit
als
noch so perfektes Handeln in Isolation.

Also:
Wichtiger ist Zusammenarbeit als Arbeit,
wichtiger communio als actio.

Man könnte noch schärfer formulieren: »Das weniger Vollkommene, das in Einheit geschieht, ist besser als das Perfektere, das isoliert getan wird.« Wenn man will, kann man das missverstehen – als Flucht in das bergende, warme Nest der ebenfalls Ratlosen und unter der eigenen Unzulänglichkeit Leidenden. Aber gerade wenn dieses Zerrbild deutlich dagegengestellt wird, mag klar werden, was hier gemeint ist: Die Überwindung der Isolation, die, sei es als Schwäche, sei es als Überheblichkeit, das Vertrauen aushöhlt. Cooperatio nicht aus Ich-Schwäche, sondern als Folge der aus der Freundschaft mit Christus gewonnenen Sympathie an den anderen Freunden.

Jesus hat nie nur »getan«. Er hat immer auf den Vater geschaut, er hat immer *mit* dem Vater getan. Und dieses Mit ist seine, ja ist Gottes innergöttliche Lebensart. An ihr gibt uns Jesus Anteil. Der, den er sendet, muss durchaus auch die Nacht der Einsamkeit durchstehen – aber so wie Jesus es tat, der sich nicht auf sich selber zurückzog, sondern in dieser Einsamkeit die tiefste Einheit mit dem Willen des Vaters und die innigste Gemeinschaft mit uns lebte, deren Schuld und Not bis hinein in die Gottverlassenheit er teilen, stellvertretend tragen wollte.

Die Gemeinschaft mit Jesus aber ist von allem Anfang an Gemeinschaft mit denen, die in derselben Sendung und Nachfolge stehen. Das Mit, das Jesus und den Vater im Geist aneinander bindet, bindet uns unteilbar an ihn und aneinander im selben Heiligen Geist. Daher also: Wichtiger als actio ist communio, Zusammenarbeit als Arbeit; wichtiger Handeln in Einheit als noch so perfektes Handeln in Isolation.

Das »Ja – aber« legt sich hier besonders drängend nahe. Ist es nicht schlechter Stil, sich heute hinter der gemeinsamen Verantwortung zu ducken, um die eigene nicht mehr wahrnehmen zu können? Sind Gremien und Konferenzen nicht der allzu dünne Schleier, der Entscheidungsschwäche und Konzeptionslosigkeit kaum verhüllt? Braucht es nicht die mutigen Schritte der je Einzelnen, wenn überhaupt etwas geschehen und in Bewegung kommen soll?

Wenn wir es tief genug verstehen, dann ist solcher Appell an den unvertretbar Einzelnen kein Gegensatz zur genannten Priorität, aber auch nicht ihre Abschwächung in einen dünnen Kompromiss.

Die Sache ist freilich nicht einfach. Aber lassen wir uns einmal ein auf die Weise, wie Jesus seine Einheit mit dem Willen des Vaters gelebt hat, lassen wir uns ein auf sein Ringen mit den Jüngern und sein Führen der Jünger zur Einheit. Lassen wir uns ein auf die Leidenschaft eines so eigengeprägten und mutigen Mannes wie Paulus für die Einheit des Geistes in den Gemeinden. Dann werden wir entdecken, dass unser Ringen um eine ganze Einheit – auch und gerade dort, wo dies schmerzliche Geduld, Rückschläge, ja Wunden mit einschließt –, uns in die Mitte des Evangeliums, in die Mitte priesterlicher Existenz und Sendung führt.

Wo wir das Miteinander höher stellen als die eigenwillige Perfektion, dort bezeugen wir, was wir bekennen: Ich glaube an die *eine* Kirche.

FRANZ-JOSEF BODE / ERWIN DIRSCHERL

Diese Priorisierung ist eine besondere Provokation. Zwar leuchtet die hohe Bedeutung des Handelns im Team und der Gemeinschaft überhaupt unmittelbar ein, in dieser Zuspitzung aber – »communio vor actio« – fordert sie heraus. Wenn sie nicht Flucht vor persönlicher Entscheidung und Leitungsverantwortung ist und auch nicht ein Prinzip, das das Volk Gottes als Basisdemokratie bestimmt (laos ist nicht demos), dann liegt hier ein glühender Kern der Zukunftsfähigkeit der Kirche.

Das Mit-Sein, die innergöttliche Lebensart, bezieht sich zunächst auf das in das WIR des Presbyteriums und der communio der Dienste eingebundene ICH (siehe oben unter 3.). Dieses Mit-Sein versteht sich aber auch als Mit-Sein mit der Kirche als Ganzer und durch sie sogar als Mit-Sein mit allen Menschen, ja mit allen Geschöpfen. Der von den deutschen Bischöfen angestoßene Dialogprozess der vergangenen Jahre brachte zu Beginn in Mannheim drei entscheidende Wirklichkeiten zur Sprache: communicatio, compassio, participatio. Nur in diesen Dimensionen kann Kirche und erst recht der Priester handeln, wenn er der trinitarischen Lebensart der Kirche, unserem Christsein, worauf wir getauft, gefirmt und geweiht sind, entsprechen will. So ist es eine Gewissensfrage: Wo und wie übe ich communio und compassio ein, wo und wie wage ich mehr Partizipation?

Kommunikatives Reden und Handeln, Mitleiden und Mitfreuen nach dem Vorbild Christi und gemeinsame Teilhabe am Leib Christi wehren einsamem, isoliertem, abgehobenem selbstherrlichem Handeln, das viele Menschen ohnehin als abstoßend und unglaubwürdig empfinden.

Das hat nichts mit endlosen Debatten und Abstimmungen zu tun. Auch nichts mit ständiger ängstlicher Rückversicherung. Es geht um das »unauslöschliche Merkmal« (character indelebilis) eines MIT, das unser Denken, Tun, Fühlen und Leiden zu einem Mitdenken, Mittun, Mitfühlen und Mitleiden macht, zu einer seinsmäßigen Solidarität, die uns als Geschöpfen, als Getauften und Geweihten eingeprägt ist und unsere Einsichten, Überzeugungen und Haltungen durchdringt.

Es geht um eine eigene Sensibilität für die anderen und für das Ganze. Es geht darum, wie Liebende die Welt mit den Augen des anderen sehen und mit dem Herzen des anderen beurteilen zu lernen in einer Grund-Einheit, aus der durchaus sehr persönliche Entscheidungen erwachsen können.

Sein und Handeln aus der Einheit schließen Auseinandersetzungen und Konflikte nicht aus, sondern ein, weil die Unterscheidung der Geister einen offenen Dialog mit sich selbst, mit den anderen und mit Gott erfordert und diese Unterscheidung erst Einheit begründet. Die Apostelgeschichte legt beredt Zeugnis ab von der Suche nach der Einheit der Verschiedenen und von der Überwindung isolierten Handelns von Einzelnen oder Gruppen. Im 15. Kapitel bringt das Apostelkonzil in harter Auseinandersetzung die Erfahrungen der Tradition (Jakobus), die Erfahrungen der Verantwortlichen (Petrus) und die Erfahrungen der Menschen ›vor Ort‹ (Paulus und Barnabas) ins Miteinander. Dieser Vorgang war für die Kirche und ihre Zukunft von höchster Bedeutung. Ob er nicht in den heutigen Entscheidungsfindungen im Großen und Kleinen der Kirche von ähnlicher Bedeutung ist, wie er es ja auch im Zweiten Vatikanischen Konzil war?! Deshalb die Frage: Wieweit lasse ich solche ›konziliaren‹ Prozesse in meiner Umgebung zu?

»Für euch bin ich Bischof (Priester), mit euch zusammen bin ich Christ. Das eine ist der Name des Amtes, das andere bedeutet die Gnade. Das eine bezeichnet die Gefahr, das andere schenkt das Heil.« Diese Worte des heiligen Augustinus* bleiben die Grundlage eines Handelns und Seins aus fundamentalem Mit-Sein, aus dem das Für-Sein erst Leben und Wahrheit, Lebendigkeit und Wahrhaftigkeit erhält und damit Fruchtbarkeit.

Es bleibt: Wichtiger ist Zusammenarbeit als Arbeit, wichtiger communio als actio.

---

* Sermo 340,1; PL 38,1483.

8.

Wichtiger,
weil fruchtbarer,
ist
das Kreuz
als
die Effektivität.

Im Anschluss an die Jeremiasstelle »Ach, Herr, ich kann nicht reden« (1,6) stellt der Papst in seiner Priesterpredigt 1980 in Fulda fest: »Der Mensch, der seine Berufung und Sendung erkennt, spricht zu Gott von seiner Schwäche.«* Im Anschluss daran kritisiert er aber Vertreter eines Priesterbildes, die »heute oft diese Schwäche zum Grundprinzip alles anderen zu machen (scheinen), indem sie diese fast zu einem Menschenrecht erklären«. Er fährt fort: »Christus hingegen hat uns gelehrt, dass der Mensch vor allem ein Recht zur eigenen Größe hat, ein Recht auf das, was ihn überragt ... Unsere wahre Größe ist ein Geschenk aus der Kraft des Heiligen Geistes.«**

In diesem Kontext ist die Berufung auf das Kreuz zu sehen, also nicht zunächst und zuerst das im eigenen Leben erfahrene Kreuz, sondern die Hochspannung, die vom Kreuz Christi her das Verhalten des Priesters bestimmt: Die Schwäche des gekreuzigten Christus wirft gerade nicht auf die Banalität des Leidens an sich selbst zurück, sondern überwindet die

---

* Papst Johannes Paul II. in Deutschland, 114.
** Ebd.

Schwäche, die im Mangel an großherziger Liebe ihren Ursprung hat.

Im Blick auf das Heilswirken Gottes in Jesus, im Blick auf das, was allem priesterlichen Dienst allein Sinn und Richtung weisen kann, gilt es also gewiss: Wichtiger, weil fruchtbarer, ist das Kreuz als die Effektivität.

Aber lässt sich das so auch sagen als praktische Maxime für den Priester? Sollen wir das, was wir selber verdorben haben oder was uns einfach nicht gelingt, zum Kreuz erklären und uns von der unbequemen Anstrengung dispensieren, Schwächen als Schwächen zuzugeben und Fehler als Fehler zu korrigieren? Wir sollen es gewiss nicht. Und jeder, der im Wort vom Kreuz eine Entschuldigung fände, um nicht alles zu tun, was eben nur durch Tun getan ist, oder um das nicht zu ändern, was nur durch Änderung anders wird, der degradiert das Kreuz zum Trick.

Doch dies nimmt nichts vom Kreuz als dem Grundgesetz wahrer Fruchtbarkeit hinweg, sondern es fügt nur noch etwas hinzu. Ja, es ist ein Kreuz, es ist von Christus getragenes Kreuz, dass wir nicht alles gut gemacht haben, dass wir schuldig geworden sind und schuldig werden. Ich muss dieses Kreuz tragen und annehmen, auch das Kreuz, dass ich durch mein Versagen Wirkmöglichkeiten vertan, von Gott mir zugedachte Chancen verspielt habe. Aber wenn das alles von Christus in seinem Kreuz getragen und verwandelt ist, dann heißt dies für mich: mich nicht zurückziehen, sondern neu anfangen, neu *mein* Kreuz annehmen, das hier Mögliche zu tun.

Oft genug gibt es freilich Situationen, in denen nichts mehr zu machen ist. Ist hier alles aus? Nur so, wie es für die Mutter unter dem Kreuz »aus« war. Stehen bleiben unter dem Kreuz, Ohnmacht tragen und bestehen, mit der Liebe und mit der Hoffnung nicht am Ende sein, wo alles am Ende ist: Vor diesem Punkt darf der Priester sich nicht scheuen. Und wenn er es nüchtern besieht, kommt er immer wieder, vielleicht jeden Tag irgendwo und irgendwie an diesen Punkt. Es ist der kostbarste Punkt, der Punkt, an dem er ganz dicht Kontakt hat mit dem Herrn. Das soll ihn nicht über diese schmerzlichen Situationen hinwegtrösten, sondern ihn – wenn man so sagen darf – in sie hineintrösten, will sagen, ihn ermutigen, sie anzunehmen und zu bestehen. Nicht die Augen verschließen vor den Kreuzen, die auf uns zukommen, nicht vor ihnen umkehren und das Effektivere aussuchen, sondern Spannungen aushalten – allerdings mit dem, der sie bereits ausgehalten hat, und, dies darf hinzugesagt werden, mit jener, die dabei unter seinem Kreuz stehen blieb. Nur so gelingt auch der Durchbruch zum Sehen und Gehen neuer Wege, zum Wagen neuen Anfangs.

Dies ist – wie vielleicht nichts anderes – Weg der Heiligung für uns und für jene, denen unser Dienst gilt. Unter dem Kreuz und am Kreuz zeigt es sich, dass es nicht Triumphalismus, sondern letzter Realismus ist, wenn wir bekennen: Ich glaube an die *heilige* Kirche.

Effektivität kennen wir aus der Ökonomie, die unsere heutige Lebenswelt mehr und mehr prägt. Wir erfahren in unserer Gegenwart eine zunehmende Verknappung und Beschleunigung der Zeit. Immer mehr ist in immer weniger Zeit von immer weniger Menschen zu leisten. Weil die Ökonomie Effektivität mit Zeitdruck verbindet, leiden immer mehr Menschen an »Burnout«, und dieser Begriff will nur das Wort »Depression« verschleiern, weil es ja schicker klingt, wenn ich ausgebrannt bin. Denn dann habe ich ja vorher lichterloh gebrannt und alles gegeben. Wollte ich verbrennen oder bin ich verheizt worden? Was ist geschehen, wenn nicht der Mensch, sondern die Ökonomie das letzte Maß abgibt und wir uns scheinbar widerstandslos einem System überlassen, in dem wir mehr die Funktionäre eines universal vernetzten globalisierten Wirtschaftsraumes als eigenverantwortlich handelnde Personen mit je einzigartiger Bedeutung und je eigenen Freiräumen zu sein scheinen?

Was tut Jesus, als seine Zeit vor dem Tod knapp wird? Er lässt sich nicht unter Druck setzen. Er teilt die Zeit, die wenige Zeit, die ihm noch bleibt, mit seinen Jüngern und feiert das letzte Mahl mit ihnen. Und er reicht ihnen das Brot als Zeichen seiner Präsenz, seiner Zeit und Gegenwart: Mein Leib, mein Präsenzraum für euch! Und wir fragen ihn: Was ist das wenige Brot für so viele? Und dieses wenige Brot, diese wenige Zeit, die ihm bleibt, sie wird von Gott her so verwandelt, so weit geöffnet, dass sie für alle reicht: Auferweckung!

Im Tod Jesu wird seine zeitlich begrenzte Präsenz für alle geöffnet. Jesus hat seine Lebenszeit mit uns geteilt, im Leben wie im Tod, und sie reicht für uns alle! Schon im Alten Testament bedeutet die rechte Rede vom Opfer, seine Zeit mit Gott und dem anderen zu teilen. Da betont auch Augustinus: Das geistige Opfer bedeutet, sich Zeit für Gott und die Liebe zu nehmen!

Das Kreuz führt uns in die Krisis, in die radikale Kritik eines lieblosen Lebens: Liebe und dann tu, was du willst! Dieser provokante Satz von Augustinus bringt es auf den Punkt! Das hat nichts mit ökonomischer Effizienz, sondern mit einer tiefen Menschlichkeit zu tun. Für viele mag dieser Satz beliebig und ambivalent klingen. Was heißt das denn genau, lieben? Das ist ja nicht eindeutig, da sind ja viel zu viele Unbekannte in der Rechnung! Stimmt, aber es geht eben nicht um Berechnung. Die Ambivalenz gehört zum Leben und zum Glauben hinzu, ich kann sie nicht fliehen, aber ich kann sie leben!

Auch das Kreuz selbst ist ein ambivalentes Zeichen. Es kann als Zeichen der Liebe und Erlösung, aber auch als Fanal eines blutigen Opfers, eines Genugtuung fordernden und gewalttätigen Gottes gedeutet werden. Es kann als Verherrlichung oder Bekämpfung des Leides verstanden werden. Jesus nimmt die Ambivalenz dieser Situation für uns an, er weicht dem Tod nicht aus und hofft zutiefst, dass Gott diesen Tod für uns in Leben verwandeln möge. So finden wir im Tod das Leben.

Wie kann es sein, dass diese Gegensätze so zusammenhängen? Gott verbindet beide Pole miteinander, er ist im Knotenpunkt des Kreuzes zugegen und ermöglicht einen transitus, einen Übergang von der Zeit in die Ewigkeit. Tod bedeutet, in Gott hinein zu sterben, in dessen Gegenwart wir schon jetzt leben. Wenn diese liebevolle Gegenwart Gottes aber jetzt schon zwischen uns geschieht, was bedeutet für uns dann noch Effektivität?

Gott schafft die Welt und eröffnet uns Zeit und Raum in Fülle. Das Siebentagewerk erzählt vom Rhythmus der Zeit zwischen Tag und Nacht, zwischen Aktivität und Ruhe. Der Sabbat ist Ruhezeit, um die Schöpfung einfach nur da sein zu lassen, ohne mit ihr effektiv umzugehen. Auch der Priester braucht seinen Sabbat, wenn der Sonntag für ihn Arbeit im Weinberg des Herrn bedeutet. Aktivität bedeutet nicht Funktionieren, sondern Kreativität; Kreativität braucht Offenheit und Weite, um sich zu entfalten. Das ist das Gegenteil von Enge und Geschlossenheit. Am Kreuz öffnet sich der Herr in radikaler Hoffnung erneut für alle! Entschlossenheit bedeutet, sich für den anderen zu öffnen.

Wichtiger ist es, die Fragilität und Ambivalenz des Lebens voller Hoffnung anzunehmen, als allzu einfache Antworten und Strategien zu entwickeln.

9.

Wichtiger
ist
die Offenheit fürs Ganze
(also für die ganze Gemeinde, fürs Bistum,
für die Weltkirche)
als
noch so wichtige partikuläre Interessen.

Zum Schluss zwei Gewichtungskriterien, die gegen eine Horizontverengung gerichtet sind, wie sie in der eigenen Kleinarbeit immer droht. Gerade der Aufbau von Kirche, von Gemeinde von unten her bedarf des Blicks auf die größere Gemeinschaft. In Fulda sagte der Papst in seiner Ansprache an die Bischöfe: Es »gibt mir zu denken, dass ich (in Afrika oder Lateinamerika) weithin einen größeren Optimismus bei wesentlich geringeren Zahlen von zur Verfügung stehenden Seelsorgern angetroffen habe als im westlichen Europa ... Eine Panik angesichts der schweren Situation verstellt uns den nüchternen Blick für das, was der Herr von uns will ...«[*]

Optimismus *und* Nüchternheit bedürfen des Horizonts der Gesamtkirche. Die richtige Erkenntnis für den entscheidenden Wert der Ortskirche in all ihren Stufen kann gerade nur unter diesem je größeren Horizont gedeihen.

In der immer dichter zusammenwachsenden Welt, in der immer lebendigeren, zugleich fordernden und beschenkenden communio aller Ortskirchen auf dem

---

[*] Papst Johannes Paul II. in Deutschland, 126.

Erdkreis können wir uns nicht davor verschließen: Wichtiger ist die Offenheit fürs Ganze als noch so wichtige partikuläre Interessen.

Und doch ist die Sache so einfach nicht. Je näher alles zusammenrückt, je dringender das Denken ans Ganze wird – übrigens auf jeder Ebene, Gemeinde, Bistum und Weltkirche –, umso mehr geht auch auf: Die Situation ist nicht überall gleich, kirchliche Passepartout-Schlüssel passen nicht in alle Schlüssellöcher. Dennoch wäre nichts fataler als der Rückzug ins Selbstbewusstsein: Was für *meine* Gemeinde, was für *meine* Jugend richtig ist, das weiß *ich* besser; der Bischof und Rom sind weit. Mutiges Einbringen der eigenen Fragen und Erfahrungen ins Ganze, aber auch Annahme der übergreifenden Gesichtspunkte des Ganzen, Horizonterweiterung über das Eigeninteresse und die Eigenerfahrung hinaus, das kostet immer ein Stück schmerzlichen Weggebens des Eigenen; aber es schenkt anderes, Wichtigeres hinzu. Oft genug ist es eine der besonders lastenden Aufgaben des Priesters, Anwalt des Ganzen zu sein und Probleme, Aufgaben, Lösungen mittragen zu müssen, die sich vor Ort nur schwer verständlich machen lassen.

Ist das nur unnötige Zusatzbelastung, vertane Kraft, Einsatz, der nichts bringt? Keineswegs. Nur wer über sich hinaussieht aufs Ganze, sieht gut. Ich bin mir nicht selbst der Nächste, fürs Eigene gibt es nur Boden und Sauerstoff im Ganzen, Umfassenden. Im Wechselspiel des doppelten Mutes, des Mutes zum Einbringen des Eigenen und zum Annehmen des Anderen, des Ganzen gehen wir jenen Weg, der schon in der Apostelgeschichte und in den paulinischen Gemeinden beginnt und der einfach der Weg des Geistes ist, jenes Geistes, der umfassend, der »katholisch« ist: Ich glaube an die *katholische* Kirche.

Papst Franziskus betont, dass die Kirche eine »Mutter mit offenem Herzen«, »das offene Haus des Vaters« (EG 46–47) ist und keine Zollstation, die die Gnade kontrolliert. Die Gnade geht uns immer schon voraus, sie ist schon da, wenn wir kommen. Schon in der Schöpfung der Welt zeigt sich die Gnade Gottes, die alle im Blick hat.

Das Ganze, um das es dem Priester geht, sind nicht die Strukturen, es sind die Beziehungen zwischen Gott und Mensch, die Liebe, die uns alle verbinden will. In diesem Ganzen geht der Einzelne nicht auf, das Ganze bedeutet die Verbindung ungezählter einzigartiger Menschen untereinander und mit Gott. Das betont das Zweite Vatikanum, wenn die Kirche als Sakrament für die Einheit der Menschheit mit Gott und untereinander zur Sprache kommt (LG 1).

Einzigkeit und Universalität schließen sich nicht aus; was einer tut, kann für alle bedeutsam sein! Das Ganze ist keine statische Größe, sondern ein dynamisches Geschehen vielfältiger Beziehungen! Wo Dynamik geschieht, gibt es auch Veränderungen. Gefordert ist die Fähigkeit und Bereitschaft, sich um der Menschen und Gottes willen zu verändern. Ecclesia semper reformanda! Das feiern wir auch in den Sakramenten, die an Veränderungspunkten des Lebens ansetzen. Die sakramentalen Feiern sind auch für den Priester Situationen der Veränderung, wenn er sich auf die Dynamik einlässt, dass Gottes Präsenz alle kreativ erfasst. Wenn eine Taufe im Sonntagsgottesdienst der Gemeinde gefeiert wird, dann ist das ein starkes Zeichen dafür, dass partikulare Interessen das Ganze im Blick haben.

Den universalen Heilswillen Gottes ernst zu nehmen bedeutet, das Heil nicht als Besitz für mich und die Kirche, sondern als Geschenk an alle zu verstehen. Es geht um das Ganze! Wenn wir auf Jesu Leben blicken und seine Worte hören, dann ahnen wir, was Liebe bedeutet, wenn sie grenzenlos gelebt wird. Wenn sie bis zu den Verlorenen reicht, wenn sie bis in den Tod hinabsteigt. Wir können mit und in unseren Grenzen so lieben, wie er es getan hat. Der Satz »Seid barmherzig, wie es auch euer Vater ist« (Lk 6,36) ist keine Überforderung, das ist lebbar. Davon kann der Priester Zeugnis ablegen. Wir können in unseren Grenzen tatsächlich grenzenlos lieben, wenn wir ein mitfühlendes Herz haben, so wie Jesus in seiner Menschlichkeit. Wir lieben, wenn wir nicht Menschen ausgrenzen, die anders denken und leben, wenn der Wert jedes Menschen für uns darin besteht, dass er liebenswert ist. Der Priester kann für die Liebenswürdigkeit jedes Menschen einstehen. Die Liebe darf spürbar werden: im Pastoralteam, im Alltag, zu jeder Zeit und an jedem konkreten Ort.

Die partikularen Interessen des Priesters können das Wohl und Heil aller im Blick halten, sie können der Versöhnung dienen. Sie können zeigen, dass und wie es möglich ist, Vielfalt auszuhalten, in der Kirche und in der Gesellschaft. Durch seine Haltung gibt der Priester ein Beispiel, dass der andere, die Kirche und Gott nicht in erster Linie dazu dienen, meine Interessen zu bedienen. Es gibt »keine größere Freiheit, als sich vom Heiligen Geist tragen zu lassen, darauf zu verzichten, alles berechnen und kontrollieren zu wollen, und zu erlauben, dass er uns erleuchtet, uns führt, uns Orientierung gibt und uns treibt, wohin er will« (EG 280).

Augustinus hat in den Bekenntnissen eine Gratwanderung beschrieben: Jeder von uns hat eine bestimmte Position, die er einnimmt. Wir haben einen Standpunkt. Ein solcher Punkt ist sehr statisch, ich bin in Gefahr, stehen zu bleiben. Das Leben aber ist Bewegung, und insofern wir lernfähig sind, können wir uns verändern. Wir leben eine Gratwanderung zwischen Position und Offenheit. Die Position des Priesters sollte für andere offen sein und sich nicht isolieren. Ohne diese Offenheit kann es keinen Dialog, kein Lernen und keine Veränderung geben. Bleibt die Kirche wiedererkennbar, wenn sie sich verändert? Bleibe ich mir und anderen treu, wenn ich mich ändere?

Es könnte ein Irrtum sein, Treue als Unveränderlichkeit zu deuten. Die Treue ermöglicht es mir, Veränderungen zu wagen, ohne die Verlässlichkeit aufs Spiel zu setzen. Ich kann mir nur treu bleiben, wenn ich mich verändere. Das zeigt die Bundestheologie des Alten und Neuen Testaments in aller Klarheit. Der treue Gott ermöglicht Vertrauen auch in Zeiten epochaler Veränderungen. Der eine Bund wird vom Herrn stets erneuert und erweist sich so als der ewige Bund!

Papst Franziskus betont, dass für das Zweite Vatikanum Reform und Treue kein Widerspruch sind (EG 26)! Wenn missionarisches Handeln bedeutet, immer neu zu sein (EG 11), dann darf auch gefragt werden, ob bestimmte kirchliche Strukturen die Dynamik des Evangeliums behindern (EG 26). Diese Fragen müssen wir uns auch stellen, wenn wir in den Gemeinden den Menschen näherkommen wollen. Wir dürfen auch dem Volk Gottes den Spürsinn zutrauen, neue Wege zu finden (EG 31). Der Priester darf in der Pastoral, wie der Papst es selbst für sein Amt kritisch anmerkt, auf eine zu starke Zentralisierung verzichten, um die Dezentralisierung zu stärken, Kompetenzen und Verantwortung abzugeben und zu delegieren (EG 32). Dezentralisierung schwächt nicht das Ganze, sondern stärkt es, weil sie mehr konkrete Beziehungen ermöglicht. Wenn das geschieht, dann können wir gemeinsam zu der Überzeugung kommen, dass es an der Zeit ist, »das bequeme pastorale Kriterium des ›Es wurde immer so gemacht‹ aufzugeben« (EG 33). Dann können wir kreativ und mutig nach neuen Wegen suchen, um Gott und die Menschen zu erreichen. Denn: »Es gibt so viele Wege zu Gott, wie es Menschen gibt« (Joseph Ratzinger).

Wichtiger ist es, Gottes Liebe für alle, d. h. für jeden Menschen in seiner Einzigartigkeit, ins Zentrum zu stellen, als die Rede von Gott partikularen Interessen zu unterwerfen.

10.

Wichtiger
ist,
dass allen der Glaube bezeugt wird,
als
dass alle herkömmlichen Ansprüche befriedigt
werden.

Gewiss muss diese Priorität in Spannung gesehen werden zu Tätigkeiten, die eine hohe Intensität der Zuwendung zum Einzelnen erfordern und wo gerade diese Intensität den Vorrang haben kann. Wenn man bei Heinz Schürmann* liest: »Die Arbeit, die eine größere Zahl fördert, ist wichtiger als die an sich gleich nützliche, die nur eine kleine Zahl erfasst«, ist man geneigt, erst seine Einwände zusammenzusuchen. Wahrscheinlich ist aber an Schürmanns Regel doch etwas dran – als Hilfe für die eigene Wahl, wo ich jetzt hingehen soll, was ich jetzt tun soll. Aber auch und vor allem kann sie als vernünftiges Argumentationskriterium im Gespräch mit durchaus wohlmeinenden Leuten dienen, die herkömmliche Ansprüche stellen, aber bewogen werden sollen, die entscheidenden Prioritäten selbst neu zu entdecken und mitzutragen. Im Übrigen ist sicher bewusst, dass »alle« in diesem Fall ein Idealgrenzwert ist.

Vielleicht reibt sich mancher die Augen und fragt sich: Sagen im Ernst dies dieselben Leute, die da be-

---

* Schürmann, Heinz: Die Mitte des Lebens finden. Orientierung für geistliche Berufe, 75.

haupten, dass es wichtiger sei, an wenigen Stellen ganz und ausstrahlend zu sein als an vielen eilig und halb? War nicht immer die Rede vom Mut zur Beschränkung, und hier wird nochmals das Ganze ins Spiel gebracht, und zwar nicht nur wie beim vorherigen Punkt als Horizont des Denkens und Handelns, sondern fürs praktische Wirken in der Gemeinde? Doch, es ist ernst gemeint: Wichtiger ist, dass allen der Glaube bezeugt wird, als dass alle herkömmlichen Ansprüche befriedigt werden.

Und dies passt ganz und gar zu den vorherigen Prioritäten, gehört zu ihrem freilich je labilen Gleichgewicht hinzu, das nur im immer neuen Leben und Sehen aus dem Geist gehalten werden kann.

Es geht einfach darum, einen Maßstab zu finden für eine Spannung, in welche der Priester heute oft genug gestellt ist: Wenn ich dies oder jenes nicht mehr tue, wenn diese oder jene Feier ohne eine eigene Eucharistie, ohne einen Besuch des Priesters stattfinden muss, wenn diese oder jene Gruppe keine regelmäßige Begleitung durch einen Priester mehr erfährt, dann gibt es begreiflicherweise Widerstand in der Gemeinde. Auf der anderen Seite entgleiten immer mehr Bereiche und auch immer mehr Gruppen von Menschen dem lebendigen Kontakt mit der Kirche, der Tuchfühlung mit Glaube und Evangelium überhaupt. Was hat hier den Vorrang? Sicher die missionarische Sorge um alle. Sie wird der Priester nicht allein und in vielen Punkten nicht einmal als Erster aktiv bis ins Einzelne hinein wahrnehmen können. Aber als Anwalt des Ganzen muss er gerade der Anwalt dessen sein, dass auch die Fernstehenden, die wie auch immer am Rande Lebenden im Blick und in der Reich- und Rufweite des Zeugnisses und Dienstes der Kirche sind.

Nur wenn er die vorher gesetzten Prioritäten im Licht dieses missionarischen Impulses liest, wird er zu gemäßen Ergebnissen kommen. Etwa: Dienst an den Diensten, Begleitung der Mitarbeiter sollte gerade heißen: sie bestärken und stützen in der missionarischen Dimension ihrer Aufgabe. An wenigen Punkten ganz und ausstrahlend da sein, dies sollte gerade heißen: nicht nur dorthin gehen, wo man aus gediegener Tradition heraus den Priester zuerst erwartet. Man lässt sicher die Kirche nicht im Dorf, wenn man sie nicht im Dorfzentrum lässt, aber man lässt sie auch nicht im Dorf, wenn man sie – natürlich auch hier nur sinnbildhaft gesprochen – verschwinden lässt aus dem Blickfeld der Neusiedlungen am Rande. Und der Vorrang des Lebens mit dem Herrn vor der bloßen Aktivität muss uns gerade in jenes Herz des Herrn hineinführen, in dem wir zwar Ruhe finden, aber eine Ruhe, die zugleich unruhig macht in der Liebe zu denen, die sich plagen und schwere Lasten zu tragen haben (vgl. Mt 11,28–30).

Leben aus der Mitte und in der Mitte heißt leben in der Dynamik der Sendung, der missio. Nur so wird es wahr: Ich glaube an die *apostolische* Kirche.

Franz-Josef Bode / Erwin Dirscherl

Wenn es eine hervorstechende Herausforderung durch Papst Franziskus gibt, dann ist es die, nicht in den gewohnten Kreisen zu bleiben, sondern an die Ränder, an die Grenzen, an die Peripherie zu gehen und sich auf alle Menschen, besonders auf die Armen, einzulassen. »Die Kirche ist berufen, immer das offene Haus des Vaters zu sein. ... Die Kirche ist keine Zollstation, sie ist das Vaterhaus, wo Platz ist für jeden mit seinem mühevollen Leben« (EG 47). »Mir ist eine ›verbeulte‹ Kirche, die verletzt und beschmutzt ist, weil sie auf die Straßen hinausgegangen ist, lieber als eine Kirche, die aufgrund ihrer Verschlossenheit und ihrer Bequemlichkeit, sich an die eigenen Sicherheiten zu klammern, krank ist. ... Ich hoffe, dass mehr als die Furcht, einen Fehler zu machen, unser Beweggrund die Furcht sei, uns einzuschließen in die Strukturen, die uns einen falschen Schutz geben, in die Normen, die uns in unnachsichtige Richter verwandeln, in die Gewohnheiten, in denen wir uns ruhig fühlen, während draußen eine hungrige Menschenmenge wartet und Jesus uns pausenlos wiederholt: ›Gebt ihr ihnen zu essen!‹ (Mk 6,37)«, sagt der Papst ›vom Ende der Welt‹ (EG 49).

Auch die Kirche ›vor Ort‹ kommt nicht mehr darum herum, in einem ganz tiefen Sinn missionarisch zu sein und ihre Salbung mit dem Geist Gottes durch die Sakramente als Sendung zu verstehen zu den Armen, Blinden, Gefangenen, Niedergeschlagenen jeder Art und ihnen allen neue Chancen, neue Zeiten des Aufatmens und der Aufrichtung zu ermöglichen (vgl. Lk 4).

Wenn die Pastoralkonstitution des Zweiten Vatikanischen Konzils über die Kirche in der Welt von heute in ihrem weniger häufig zitierten zweiten Satz sagt: »Es gibt nichts wahrhaft Menschliches, das nicht in den Herzen der Jünger Christi seinen Widerhall fände« (GS 1), ist diese Mission ein dialogischer Prozess. In ihr soll nicht nur unsere Botschaft Resonanz bei den Menschen finden, sondern alles Menschliche auch Resonanz in unseren Herzen, so dass Kundschafter-Sein (vgl. Num 13/14) und Botschafter-Sein immer ineinander verwoben sind.

Papst Franziskus spricht von verschiedenen Dialogebenen, die heute notwendig und zukunftsträchtig sind: Dialog zwischen Glaube, Vernunft und Wissenschaft; der ökumenische Dialog unter den Christen; die Beziehungen zum Judentum; der interreligiöse Dialog; und der soziale Dialog im Kontext religiöser Freiheit, den einige auch intersäkularen Dialog nennen: »Als Glaubende fühlen wir uns auch denen nahe, die sich nicht als Angehörige einer religiösen Tradition bekennen, aber aufrichtig nach der Wahrheit, der Güte und der Schönheit suchen, die für uns ihren maximalen Ausdruck und ihre Quelle in Gott finden. Wir empfinden sie als wertvolle Verbündete im Einsatz zur Verteidigung der Menschenwürde, im Aufbau eines friedlichen Zusammenlebens der Völker und in der Bewahrung der Schöpfung. Ein besonderer Raum ist jener der sogenannten neuen Areopage wie der ›Vorhof der Völker‹, wo Glaubende und Nichtglaubende über die grundlegenden Themen der Ethik, der Kunst und der Wissenschaft sowie über die Suche nach dem Transzendenten miteinander ins Gespräch kommen können. Auch das ist ein Weg des Friedens für unsere verwundete Welt« (EG 257).

Wo die neuen Netzwerke unserer Pastoralen Räume sich nur mit ihren Strukturen und der Regelung ihres Miteinanders befassen, verliert der Glaube jede Strahlkraft nach außen. Er zieht weder Fremde an, noch gewinnt er Entfremdete zurück. Gerade vor der in Zukunft mehr und mehr von Migration und interkulturellem Leben geprägten Gesellschaft können die Verantwortlichen nicht im Binnenkirchlichen und im Gewohnten bleiben. Mit ungebrochener Wucht stellt sich die Frage der Urkirche um ›Juden‹ und ›Heiden‹ neu – jetzt um Christen aus Erbe und Gewohnheit einerseits und Menschen, die auf ganz neue Weise dem christlichen Glauben und der Kirche begegnen, andererseits.

Tatsächlich ist die Balance zwischen der Öffnung in die Weite und den berechtigten Ansprüchen derer, die in Treue ihren Weg mit der Kirche gegangen sind und gehen, eine der größten Aufgaben. Deshalb muss jede pastorale Einheit, ob in Pfarreiengemeinschaft oder neuer Pfarrei, im Priester den Anwalt für das Ganze haben, auch wenn diese Anwaltschaft sich durch viele Menschen verwirklichen muss. Deshalb auch hier die Gewissensfrage: Habe ich das Ganze genügend im Blick? Und andererseits: Vermeide ich persönlich notwendige Entscheidungen in Einzelfällen, weil ich zu viel vom Ganzen her denke?

Weite, Nähe und Tiefe bilden den Lebensraum Kirche in diesem ›trinitarischen Spiel‹: Gott der Vater als Schöpfer aller; Gott der Sohn als den Menschen Nächster durch seine Menschwerdung von Geburt bis Tod; und der Gott, der in der Tiefe unserer Existenz wirkt und aus dieser Tiefe alle miteinander verbindet auf eine unberechenbare, unergründliche Weise.

Je mehr Menschen aus Taufe und Firmung – und bei vielen auch aus Beauftragung und Sendung – Zeugnis geben können und Verantwortung mittragen, in diesem Sinn also möglichst viele eine Mission *sind* und nicht nur *haben,* desto weniger wird der Priester zerrissen zwischen der Zuwendung zu herkömmlichen Erwartungen und der Offenheit für neue Wege zu den Menschen auch an Anders-Orten des Lebens.

Die Praxis Jesu kennt von Anfang an die Zuwendung zu den Einzelnen in den Berufungen, Begegnungen und Begleitungen. Sie kennt den überschaubaren Apostel- und Jüngerkreis, den Kreis derer, die ihm unmittelbar nachfolgen. Und sie kennt die Begegnung mit dem Volk, mit allen, die wie Schafe sind, die keinen Hirten haben (vgl. Mt 9,36), denen jedoch der kleinere Kreis Nahrung ermöglichen soll: »Gebt ihr ihnen zu essen!«

Das geschieht nicht durch große Aktionen und Maßnahmen, sondern durch das Bringen des Zuwenigen (fünf Brote und zwei Fische; vgl. Mt 14,15ff.). Unter dem Segen Jesu und im Namen Jesu wird es teilbar für ganz viele. Damit nähern wir uns wieder Priorität 6, sich an bestimmten Punkten ganz einzubringen statt an allen Punkten eilig und halbherzig.

Deshalb dürfen und müssen wir Menschen für ein verlässliches Mitleben in Gottesdienst, Verkündigung und Diakonie gewinnen (nicht: rekrutieren!) und müssen doch zugleich in aller Offenheit und Absichtslosigkeit, in aller Empathie und Dialogbereitschaft für diejenigen da sein, die an unsere Türen klopfen (»Ich stehe vor der Tür und klopfe an«; Offb 3,20) oder vor unseren Türen liegen (Lazarus; vgl. Lk 16,19–31). Bischof Joachim Wanke brachte es in die Frage für jeden von uns: Bin ich noch der Überzeugung, heute wirklich Menschen für Christus gewinnen zu können?

Es gehört zur Unterscheidung der Geister, in persönlicher Abwägung und in transparenter Abwägung mit den Mitverantwortlichen festzulegen, wo der Priester sich mehr den inneren, im guten Sinn ge-wohn-ten Kreisen zuwendet, und wo mehr dem weiten Feld derer, die in ihm Kirche und christlichen Glauben zu erreichen, zu berühren suchen. Der priesterliche Dienst selbst lebt von der Balance dieser Dimensionen der Weite, Nähe und Tiefe, aus den Dimensionen des eucharistischen Mahles und der Fußwaschung, der Pastoral im Gewand und mit der Schürze.

Der zölibatär lebende Priester, eingebunden in die communio der Dienste und Charismen und ins Mit-sein mit dem Volk (familia Dei) aus Menschen, Christen und Jüngern, wird die Anstrengungen, Spannungen, Zerrissenheiten, Ungelöstheiten und Belastungen, Herausforderungen und Unruhen der Zeit besser bestehen können im Blick auf Jesus. Jesus, der sich den Menschen ›vor seiner Haustür‹ stellt, der aber auch den Rückzug in die Einsamkeit und die Zweisamkeit mit dem Vater sucht und dann auch ›woanders‹ hingeht, als es den Erwartungen der Menschen seiner Umgebung entspricht (vgl. Mk 1,32–39).

Wichtiger ist die Gemeinde als offenes Vaterhaus denn als kontrollierende Zollstation.

Nachtrag

Drei Fragen – zu den vielen anderen, die zwischen allen Zeilen dieser Überlegungen hängen – stellen sich schier notwendig ein, wenn man die zehn Sätze liest, die am Anfang der einzelnen Abschnitte dieser Überlegungen stehen. Wenigstens ein Hinweis für die Antwort soll noch gegeben werden.

1. Ist es gut, immer das Wort »wichtiger« zu bemühen und damit Prioritäten zu setzen statt allenfalls Akzente?

In der Tat, das ist problematisch. Es ist etwas wie ein Widerhaken, durch den die Überlegung hängenbleiben soll. Eine Provokation auch zum Widerspruch, der innerlich bedacht und ausgetragen werden soll. Dieses »Wichtiger« gilt je in einer bestimmten Perspektive. Aber wer von einer Sache nicht die Ansicht aus einem bestimmten Blickwinkel im Gedächtnis trägt, dem droht die Ansicht des Ganzen, das er von allen Seiten kennt, zu verschwimmen. Es ist gut, von einem Kunstwerk einen Bildband zu besitzen, der es von allen nur erdenklichen Stellungen aus und in allen entgehenden Details gegenwärtig macht. Und doch ist es ebenfalls gut, dass ein solcher Bildband *ein* Titelbild hat, das sich einprägt und auf seine Weise das Ganze sagt. Die Kontur dieses zehnmaligen »Wichtiger« ist gewollt, die Verengung dafür in Kauf genommen.

2. Sind da nicht sehr grundsätzliche und sehr pragmatische, durchaus geistliche und mehr nur pastorale Prioritäten bunt gemischt?

In der Tat, es geht nicht um »reine« Spiritualität, sondern um einige, doch wohl wichtige Gesichtspunkte, die zum einen Teil aus geistlichen Grundorientierungen pastorale Schlussfolgerungen nahelegen und zum andern Teil im Hinblick auf die Pastoral geistliches Umdenken erfordern. Weder kann Spiritualität Pastoral, noch Pastoral Spiritualität ersetzen. Aber so ist es mit dem Geist Jesu: Er lebt im Innern und drängt nach außen, er gestaltet das Außen aus dem Innern, teilt im Außen das Innen mit. Nun, dieser Rekurs auf den Geist will nicht mehr sein als ein Hinweis auf den Zusammenhang von »spirituell« und »pastoral«, der sich in diesen zehn Sätzen spiegelt.

3. Wenn das wahr ist, was hier geschrieben steht: Genügt da der Appell an die Umkehr des Einzelnen, oder müsste nicht auch im ganz Konkreten der pastoralen und personalen Planungen und Erwartungen der Bistümer etwas geschehen?

Wie schon im Vorwort angedeutet, war dies durchaus im Blick der Bischöfe, als sie über die zehn dargelegten Sätze nachdachten. Aber auch hier wäre ein Entweder-Oder falsch. Dass Umkehr ernst gemeint ist, muss sich im Außen bewähren. Umkehr selber aber kann nur im Innern anfangen. Der doppelte Anfang, die doppelte Zielrichtung, darum geht es. Hier sollte ein Impuls zum anfänglichen Anfang, zum Anfang von innen gegeben werden. Nur wenn er gelingt, werden auch Mut, Phantasie und Bereitschaft für das wachsen, was sich durch Veränderungsmaßnahmen verändern lässt.

ULRICH BECKWERMERT

Als Pfarrer und Regens bin ich gebeten worden, aus der Perspektive der täglichen Gemeindepraxis und der Priesterausbildung die »2 × 10 Provokationen« zu lesen. Dabei ist mir der Aspekt, dass Leitungsverantwortung nicht Alleinverantwortung heißen muss, der wichtigste geworden. Denn belastend empfinde ich meinen Dienst immer dann, wenn ich allein bin. Es gibt Tage, da häufen sich kurzfristige Termine so stark (Beerdigungen, Krankenbesuche, akute Konfliktgespräche), dass ich sie nur mit Mühe bewältigen kann. Das ist nicht schlimm, wenn es nur vorübergehend ist und ich Unterstützung habe. Die Zahl der Pfarrer aber, die durch die Vergrößerungen von Pastoralen Räumen dauerhaft einem erheblichen Arbeitsdruck ausgesetzt sind, wächst. Sie verlieren immer mehr ihre Freude am Dienst. Sie suchen kein Mitleid, sondern konkrete Unterstützung. Hier können die »Provokationen« hilfreich sein.

Als ich neben meinem Pfarramt die Verantwortung als Regens übernahm, hörte ich Kritik aus der Gemeinde: »Man sieht den Pastor immer seltener.« Das hat mich geärgert. Präsenz in der Gemeinde ist mir wichtig. Aber als Regens war ich oft unterwegs. An Vorstands- und Gremientreffen nahm ich nur noch unregelmäßig teil. Dann habe ich gelernt: Termine nur abzusagen, reicht nicht. Verständnis für Veränderung wächst nur dort, wo es Transparenz gibt. Ein Pfarrer oder Kaplan, der immer nur sagt, was er nicht mehr kann, löst in der Gemeinde die Frage aus, was er überhaupt noch macht.

Mir hat das offene Gespräch in den Gremien und Vorständen geholfen. Ohne meine Persönlichkeitsrechte aufzugeben, habe ich meinen Wochenplan vorgestellt. Dazu gehören auch Gottesdienste und Gebetszeiten. Statt mit Vorwürfen begegneten mir viele mit Verständnis und den Worten: »Das haben wir nicht gewusst.« Im Pfarrteam und im engeren Kreis der Gemeinde spreche ich auch über meine Freizeit und meinen Urlaub. Ich gehe nicht ins Detail, aber vermeide es, daraus ein Geheimnis zu machen. Warum auch? Viele aus der Gemeinde erzählen mir ebenfalls von ihrer Freizeit. Es interessiert mich, weil es zu ihrem Leben gehört.

Mit dem weiteren Anwachsen der Verantwortungsbereiche eines Pfarrers wachsen auch die Möglichkeiten der Gestaltung. Ich habe grundsätzlich Freude daran, neue Bereiche der Seelsorge und Priesterausbildung zu erschließen. Aber das Neue kostet Zeit, und die bleibenden Strukturen auch. Beides drängt danach, gepflegt zu werden. Beides habe ich nicht geschafft. Hier hilft mir das regelmäßige Dienstgespräch. Ich lerne, Ideen nicht nur gemeinsam zu entwickeln, sondern auch umzusetzen und gegebenenfalls wieder zu verwerfen. Miteinander verabschieden wir uns im Pfarrteam von pastoralen

Strukturen, die nicht mehr tragen, und ertragen die Kritik, die uns dafür entgegenschlägt. Das macht das Dienstgespräch zu einem geistlichen Ort in der Gemeinde. Die Hauptamtlichen mit dem Pfarrer erfahren, dass sie mit ihrer Verantwortung nicht allein sind, Ehrenamtliche beobachten und schätzen das gute Miteinander im Pfarrteam. Das Dienstgespräch mit einem Gebet oder einer Schriftlesung zu beginnen, zeigt, dass wir als Team nicht nur auf unsere eigenen Kräfte bauen müssen. Wir üben uns darin, den Kräften des Geistes zu trauen.

Ich bin dankbar, wenn unsere Beratungen von gegenseitiger Wertschätzung und Versöhnungsbereitschaft geprägt sind. Wo Mitarbeiter oder ich dabei an Grenzen stoßen, greifen wir auf externe Hilfe zurück, die für eine gewisse Zeit dem Team hilft, wieder zu sich zu finden. Dieser Prozess kann außerhalb von Konflikten hilfreich sein, wenn es darum geht, neue Denkimpulse zu gewinnen oder die Arbeit des Pfarrteams zu verbessern.

Nicht nur das Dienstgespräch, auch das Pfarrhaus lässt sich als geistlicher Ort erschließen. Dazu gehört eine gute Schulung des Personals im Sekretariat. Viele, die sich in einem Anliegen an die Gemeinde wenden, haben dort ihren Erstkontakt. Da der Pfarrer gerade unterwegs ist, werden der Sekretärin bereits die Hintergründe einer Kranken- oder Trauersituation erzählt. Viele sind dankbar, wenn ihnen dann zugehört wird. Das

Pfarrbüro ist mehr als eine Amtsstube. Es entwickelt sich zunehmend zu einem Ort, an dem Trauernde und Fragende sich gut aufgehoben wissen. Wohnungslose und Bedürftige sind ebenfalls dankbar für ein offenes Ohr. Ihnen kann durch eine Information zu den Einrichtungen der Caritas und ein Gutscheinsystem geholfen werden. Eine freundliche Begegnung im Pfarrbüro bleibt den Suchenden und Fragenden lange in Erinnerung. Der Mensch, den sie dort antreffen, prägt ihr Bild mit, das sie von der Glaubwürdigkeit der Kirche haben. Das sollte gut bedacht werden, wenn in großen Pastoralen Räumen über die Schließung oder personelle Besetzung von Büros beraten wird.

Manchmal stört es mich, wenn Einzelne aus der Gemeinde vor der Tür stehen, weil sie mit dem Pfarrer sprechen möchten. Nicht immer muss ich dem nachgeben. Ich brauche Zeiten des ungestörten Arbeitens, weil eine gute Liturgie und Predigt eine ausreichende Vorbereitung erfordern. Auch bei notwendigen Leitungs- und Verwaltungsaufgaben benötige ich Zeit. Dennoch gibt es Menschen, denen der Weg zum Pfarrhaus nicht leicht fällt. Aber sie kommen, weil sie ein wichtiges Anliegen drängt. Es reicht nicht, wenn sie nur hören: »Der Pfarrer kann jetzt nicht.« Meine Erfahrung ist, dass manche nur wenige Minuten brauchen, um ihre Sorge anzusprechen. Das sind Begegnungen, die so beginnen können: »Ich weiß, dass Sie nur wenig Zeit haben, aber ich wollte Ihnen nur sagen, dass ...« Diese Gespräche können so abschließen: »... dann wissen Sie schon mal das Wichtigste. Das andere können wir später noch besprechen.« Die Frucht solcher Begegnungen ist Trost. Der Weg zum Pfarrhaus war nicht umsonst. Der »Durchschlupf«* ist ihnen gelungen.

Ignatius von Loyola spricht in seinen Geistlichen Übungen sogar vom »Amt zu trösten« (GÜ 224). Der Trost kommt von Gott. Der Pfarrer, der sich stören lässt, macht diesen Trost spürbar. Dennoch: Auf diese Weise Trost zu spenden, kostet Kraft. Auch die Lästigen stören, und mein Zeitplan gerät ins Wanken. Ich habe gelernt, dass ich nur so viel Trost weitergeben kann, wie ich selber erfahre. Ohne Zeit und Raum für die Trosterfahrung in Gebet und Begegnung werde ich nie mein »Amt zu trösten« leben können. Deshalb trage ich in meinen Terminkalender nicht nur Termine für andere ein, sondern auch die Termine für mich selber und mein geistliches Leben.

Mit den Priesteramtskandidaten bin ich oft im Gespräch über die Zukunft des Glaubens und der Kirche. Ich bin erstaunt, wie positiv sie in die Zukunft schauen. Sie tun es nicht, weil sie damit rechnen, dass die Zahl der Kandidaten bald wieder steigen wird. Wer sich heute entscheidet, Priester zu werden, hat die Kirche schon länger in ihren Umbrüchen und Krisen erlebt. Der weiß,

---

* Papst Franziskus bei der Begegnung mit den brasilianischen Bischöfen am 27. Juli 2013 in Rio de Janeiro.

dass es noch weitere, kaum absehbare Veränderungen geben wird.

Dass die Priesteramtskandidaten dennoch mit Zuversicht auf ihren zukünftigen Dienst schauen, hängt mit Ihren Erfahrungen in den Praktika zusammen. Dort erleben sie, wie es Haupt- und Ehrenamtliche schaffen, Menschen sichtbar zu sammeln. Wenn auch immer mehr Gemeindemitglieder sonntags dem Gottesdienst fernbleiben, heißt das nicht, dass es sie nicht mehr gibt. Sie zu sehen und zu sammeln, ist ein Grunddienst der Kirche. Daher lade ich mit Haupt- und Ehrenamtlichen unterschiedliche Zielgruppen in der Gemeinde ein. Das sind Trauernde zum Trauerkaffee oder Eltern neugetaufter Kinder, die Interesse an der Bildung eines Familienkreises haben. Hier sammeln sich Menschen, die sich ausdrücklich im Raum der Kirche treffen.

Bei allen Unsicherheiten, wie Gemeindearbeit heute und in Zukunft aussehen könnte: Menschen zu sammeln ist immer eine richtige Entscheidung. Aus den Gruppen, die dadurch entstehen, wachsen neue Impulse für den gegenwärtigen und zukünftigen Weg der Kirche. Priesteramtskandidaten, die das bereits in der Praxis erlebt haben, fühlen sich ermutigt, ihren Weg zum Dienst in der Kirche weiterzugehen. Denn Sammlung geht auch in Zukunft.

Bei allen guten Anregungen, die Priester heute bekommen, ist mir diese die wichtigste geworden: »Suche nur bei Verständigen Rat« (Tob 4,18). Dieses Wort gibt

Tobit seinem Sohn Tobias mit auf den Weg. Ein guter Rat allein genügt nicht. Es gehört auch dazu, dem Rat zu trauen. Das geht nur in Beziehung.

Priester sind heute erheblicher Kritik ausgesetzt. Immer weniger Menschen sehen einen Sinn in ihrer Lebensform. Durch die Zusammenlegung und Umstrukturierung von Pfarreien kommt es zu Konflikten. Gottesdienste werden gestrichen oder an andere Orte verlegt. Das führt bei Gemeindemitgliedern zu Enttäuschungen, die sie auch mit dem Pfarrer in Verbindung bringen. Sich dieser Enttäuschung zu stellen und sie durch Begegnung und Dialog fruchtbar zu machen für den weiteren Entwicklungsweg der Pfarrei, ist ein wesentlicher Dienst des Pfarrers. Das kostet Kraft und Nerven, kann aber auch zu unerwartet guten Gesprächen führen. Manchmal wird Kritik auch so geäußert, dass sie bewusst verletzten will und jeden Dialog ausschließt. Dann darf der Pfarrer sich schützen. Er bleibt auch hier ein Hörender und nimmt wahr, was geschieht, aber er muss diese Kritik nicht annehmen.

Um konstruktive Kritik geht es bei den Verständigen. Damit sind nicht die gemeint, die für alles Verständnis haben. Sie dienen nur der Selbstbestätigung des Pfarrers, und das bringt ihn auf der Suche nach Lösungen nicht weiter. Bei den Verständigen denke ich vielmehr an Engagierte in der Gemeinde, die gemeinsam mit dem Pfarrer versuchen, das Geschehen in der Pfarrei und ihrem Umfeld zu verstehen. Das setzt Vertrauen und Offenheit voraus und die Bereitschaft zur Veränderung des eigenen Denkens und Handelns. Bereits den Priesteramtskandidaten empfehle ich das Wort aus dem Buch Tobit. Wer Priester werden will, braucht nicht Menschen, die für alles Verständnis haben. Sie bestätigen nur die Standpunkte des Kandidaten. Er braucht vielmehr Menschen, die ihn vertrauensvoll begleiten auf der Suche, die eigene Berufung zu verstehen. Mit ihnen übt er ein, dass Verstehen ein Dialogprozess ist, der zu unerwarteten Kenntnissen führen kann. Meine Erfahrung ist, dass es die Verständigen überall gibt. Sie zu suchen und zu finden und zuzulassen, ist ein wesentliches Element der Priesterausbildung und des priesterlichen Lebens.